CÓMO TRANSFORMARTE EN UN LÍDER
IMPARABLE

EDWARD R. MUÑOZ

Título de esta obra:
Cómo transformarte en un líder imparable

Autor:
Edward R. Muñoz

Portada y Diagramación:
HAD Graphic
hadgraphic@gmail.com

ISBN-13: 978-1508464846
ISBN-10: 1508464847

Esta obra es una producción de:
Centro de Transformación de Vidas (CTV)

Los secretos para transformarte en un Líder imparable

Los líderes impactan nuestra vida diaria y nuestro futuro. A naves de la historia, en todos los tiempos siempre han existido grandes líderes que han influenciado positivamente el curso de la humanidad; los lideres determinan el éxito de un negocio o una industria. En este libro, Edward habla de la importancia de estimular el liderazgo innato que todos poseemos y desarrollar las habilidades del liderazgo adquirido que se obtiene con las circunstancias de la vida. Tu equipo, grupo u organización será inspirado por la forma coma Edward responde esta pregunta: ¿Cómo puede alguien obtener la determinación de ser un "Líder imparable"?

Acera del Autor

Edward Muñoz es un empresario exitoso, un conferencista de alto impacto y un asesor de negocios que cree con pasión que todo el mundo es capaz de tener éxito. Desde sus humildes inicios empacando bolsas de compra en un supermercado los fines de semana y conducir un taxi en uno de los peores barrios de Brooklyn (Nueva York), hasta liderar un equipo de Bienes Raíces con 100 millones de dólares en ventas, ha aprendido los principios que pueden ayudar a cualquier persona a realizar sus sueños.

Él comparte su memorable e inspiradora travesía con el público a nivel nacional e Internacional en un tono humorístico, sin rodeos y diciendo las cosas a su estilo. Con pasión contagiosa y energizante, ayuda a las personas a eliminar sus creencias limitantes, a alcanzar su pleno potencial y a "Desencadenar el Campeón en su Interior".

Contenido

Dedicatoria

Dedico este libro a mis padres Luz María Peña
y Virgilio Rafael Muñoz.

Mi madre era y sigue siendo el amor de mi vida. Cuando era pequeño me enseñó las lecciones de la vida que me han ayudado a ser lo que soy hoy en día. Desde muy joven me enseñó a trabajar duro para conseguir lo que yo quería, a respetar a los ancianos y a hacer las cosas bien. Estos valores fueron inculcados en lo más profundo de mí ser. Ella también me enseñó a temer a Dios y, sobre todo, a hacer siempre lo correcto. Mamá, yo sólo quiero decir que te amo y siempre estaré agradecido por tus enseñanzas.

Este libro también está dedicado a mi padre,
Virgilio Rafael Muñoz.

Mi padre nunca terminó la primaria, pero cuando se trata de negocios es más inteligente que muchos de los empresarios que conozco. Él me enseñó a ahorrar, a no mal gastar el dinero, a trabajar duro y, sobre todo, a ser persistente. Después de fracasar en todos los negocios que iniciaba durante un período de 20 años, finalmente él reunió la experiencia necesaria y creó una pequeña fortuna que utilizó para jubilarse. Papá eres el mejor padre que una persona puede tener, más no puedo pedir. Gracias por siempre creer en mí.

Agradecimientos

Escribir un libro parece ser un proyecto individual, pero la realidad es que si tú quieres que sea leído por miles o millones de personas, se necesita todo un equipo.

En primer lugar quiero dar las gracias a mi Dios Todopoderoso por darme la oportunidad de venir a este mundo para cumplir una misión, siendo esa misión la de transformar la vida de muchas personas en este mundo.

También quiero dar las gracias a mi esposa Yaniris por su apoyo incondicional, por todo su amor, por siempre decirme "Creo en ti", y recordarme que "Si, se puede". Sin su apoyo incondicional, este libro nunca se hubiese escrito.

Asimismo, quiero dar las gracias a mis 3 hijos Arlene, Ariana, y Edward Elías por darme el espacio para hacer lo que me gusta hacer.

También quiero dar las gracias a mis padres Virgilio R. Muñoz y Luz María Peña, así como a mis hermanos Seleny, Maribel, Rocío, Alexander, David y Moisés por siempre recordarme lo grandioso que soy y por su amor incondicional.

Igualmente, quiero dar las gracias a Pablo Zabala, Chris Rosario, Angel Arias, Eddie Moquete, Ray Valle, Milton Olave, Alex Hernandez, Kally Bougadis, Carmen Reynal, Iman Khan, Karen Armino, Agustin Peña, Ryan Wolinski, Derby Perez, por todo el amor, apoyo, orientación y por estar siempre ahí para mí cuando necesitaba un consejo o un hombro donde apoyarme.

Preámbulo

Tener un espíritu de ganador es muy importante, ya que al que no le importa si gana o si pierde nunca hará lo suficiente para que su equipo triunfe. Las ventajas de un líder ganador es que a medida que él avanza, sus integrantes también crecen. **El poder de crecer cuando estamos esforzándonos por un objetivo común permite que el objetivo se cumpla.**

Si estás formando una iglesia, una red, una organización o cualquier cosa en la que sea necesario que opere un fin común, debes tomar en cuenta que las personas talentosas solo dedicarán su tiempo y energías a lo que creen que va a ser grande e importante. Además, pondrán todo su empeño cuando tengan una visión clara y congruente con los objetivos planteados.

Nadie quiere seguir a un liderazgo de perdedores. Hablando al respecto, el apóstol Pablo declaró: "Por tanto, yo de esta manera corro, no como sin tener meta; de esta manera peleo, no como dando golpes al aire" (1 Corintios 9:26).

Para que una persona sea ganadora debe tener bien claro que debes tener metas y un propósito que lo haga crecer a los niveles más altos. Los líderes deben saber que no están solos que no es la única que desea crecer, pues si se dedica al liderazgo debe luchar no solo por sus sueños, sino también por los sueños de su equipo. No importa lo bueno que sea un jugador, si el equipo no gana —tarde o temprano— se verá afectado por ese hecho. **Un líder solo no es un líder. El liderazgo es influencia.**

Liderar es un arte y no basta por tanta para ejercerlo, con el instinto que más o menos acentuado poseamos para ello. **Hay que desarrollarlo conociendo y practicando los principios sancionados por la experiencia** y los avances de las ciencias moderna. Todo liderazgo efectivo debe de estar basado en:

Educar: Lograr el desarrollo de toda la perfección que la naturaleza humana lleva consigo. **Instruir:** Enseñar las nociones técnicas precisas y dirigir los ejercicios prácticos, para proporcionar a los subordinados los **conocimientos específicos que necesiten** para cumplir sus misiones. **Conducir:** Guiar y dirigir a los subordinados de forma, que perfeccionando la educación e instrucción en el ámbito colectivo, desarrollen la comprensión y cooperación entre todos.

Cuando leí este libro pude notar que en el mismo se especifica de manera muy práctica como convertirte en un líder imparable y como vencer tus limitaciones que hasta hoy no te lo permiten.

Wilson santos
Conferencista y autor de
bestseller "Más que un sueño.

Introducción

Amigos y campeones, he aprendido en la vida que mucha gente sabe que hacer pero solo unos cuantos hacen lo que saben. Saber no es suficiente. Hay que tomar acción. Si me permites la oportunidad yo seré tu entrenador personal a través de este libro. Sin excepción, detrás de cada estrella olímpica, estrella nacional del deporte, vendedores exitosos o líderes de la comunidad, hay un asistente invisible quien sin descanso entrena a esa súper estrella para que sea exitosa. Alguien que toma el potencial y el talento sin moldear y lo moldea como un gran alfarero sacando de ti una gema altamente valorada, es decir, te convierte en un ganador. Tú quizás te preguntas:

¿Qué es lo que hacen los entrenadores? En primer lugar ellos te cuidan y te entrenan. Ellos llevan años enfocándose en las áreas que producen resultados rápidos. Utilizando las estrategias que tu entrenador comparte contigo, verás que puedes dramática e inmediatamente cambiar los resultados de tus actuaciones. A veces, tu entrenador no te dice nada NUEVO, pero te recuerda cosas que tú sabes y entonces te convence para que las hagas. Un día te sorprenderás con los resultados. Este es el papel, que con tu permiso, yo estaré desempeñando en tu camino hacia el éxito. ¿En qué específicamente yo te estaré entrenando? Yo te ofreceré diferentes alternativas de cómo crear y mejorar tu calidad de tu liderazgo.

Te sugiero que leas este libro varias veces, para que puedas sacar el mayor provecho posible. Tú sabías que una persona que haya sido víctima de quemaduras se cura más rápido si ingiere el doble de las calorías que usualmente consume. Es decir, que mientras más leas este libro de liderazgo y superación personal, más rápida vas a crecer como líder. Cada vez que vuelvas a leer este libro, es recomendable que tomes apuntes de las ideas que te impacten o inquieten. Te aconsejo que no dejes de efectuar los ejercicios planteados para que puedas sacar el mayor provecho posible. Estas informaciones ya les han cambiado la vida muy favorablemente a muchísimas personas en diferentes países del mundo. Así espero que tú también obtengas excelentes resultados.

Mi esperanza es que encuentres en este libro las palabras que te estimulen a encontrarte contigo mismo y a seguir adelante. Después de todo, fueron tres simples palabras de una madre moribunda a su hijo, que dramáticamente cambiaron el destino de los EE.UU. y el de ese niño. Las palabras fueron: "Sea alguien, Abraham" de tal manera estas palabras inspiraron a este niño de Illinois, que se convirtió en el décimo sexto presidente de los Estados Unidos. Correcto, esa es la historia de Abraham Lincoln. Yo deseo la misma jornada para ti, desde donde te encuentres ahora mismo hasta lo que quieres llegar a ser, recuerda que tú puedes lograr más de la vida siempre y cuando hayas querido lograr más.

Así que adelante, ¡el éxito espera por sus conquistadores!

Prefacio

En este mundo, verdaderamente no sabemos cómo capacitar, desarrollar y educar a líderes. Los pocos líderes que si tenemos son imparables y auténticos a pesar de su educación, no gracias a ella. Por tanto, preguntémonos: *¿Qué* produce nuestro sistema de educación de líderes?

¿Qué obtenemos de nuestra inversión de tiempo, dinero y energía?

Lo que obtenemos son:

1. Ganadores
2. Oportunos
3. Emprendedores

El ganar, el sentido de la oportunidad y el emprendimiento son acciones que requieren experiencia, hacen que las cosas sucedan y ascienden a las personas a mejores niveles. Estos, incluso pueden ser elementos clave de un liderazgo genuino y auténtico.

Ganadores: Aquellas personas que poseen el contundente deseo, la intención o el impulso de obtener resultados, de aprovechar el momento y ser victorioso sobre un adversario o un obstáculo. Los ganadores se destacan en la competencia. Los ganadores tienen la forma de convertir en realidad lo que parece desalentador o imposible para otros.

Oportunos: Quienes visualizan, crean y exploran nuevas oportunidades para su propio provecho, y buscan la forma de entrar en ellas con todos los medios disponibles.

Emprendedores: Mueven rápidamente las cosas, ideas, personas y recursos de un lugar a otro con velocidad una y otra vez. Son imparables en todo lo que emprenden.

Los ganadores, los emprendedores y los oportunos llegan al frente de la línea, donde se espera que tomen el liderazgo. Sin embargo, ser líder requiere algo más y totalmente distinto a lo que el ganador, el oportunista o el emprendedor ponen a disposición. Por tanto, un Carlos Slim, un Barack Obama, o un Bill Gates son capaces de llegar al frente de la línea. A medida que ellos ganan (más de lo que pierden), ganan el respeto, la fama, el éxito, el dinero y el apoyo.

Luego, ¿qué?

¿Cómo se espera que ellos lideren?

Al frente de la línea, tienen la intención de liderar auténticamente y de ser imparables, pero existe un problema. Nuestro actual modelo de liderazgo supone que las personas que dirigen son las personas que *ya conocen las respuestas correctas* a las preguntas *correctas*. Se basa en la noción de que los líderes dirigen en base a lo que puede denominarse su estrategia de éxito. La fuerza de su pasado, lo que ya conocen y lo que ya hacen.

Yo afirmo que los líderes auténticos, en realidad, no dirigen por lo que ya *conocen*, sino por lo que pueden inventar y descubrir.

Personas como:

1. Los hermanos Orville y Wilbur Wright son conocidos mundialmente por ser pioneros en la historia de la aviación.

2. Martin Luther King creó un movimiento en beneficio de los derechos civiles para los Afroamericanos.

3. Henry Ford fue el fundador de la compañía "Ford

Motor Company". Su primer vehículo el "Ford T" revolucionó la industria de automovilismo y transporte en los Estados Unidos.

4. Steve Jobs creador de Apple, Iphone, Ipod, Ipad entre otros.

5. Madre Teresa De Calcuta es conocida por todos por haber dejado como legado su caridad y una gran labor humanitaria. Católica y defensora de los pobres e indefensos, esta mujer fue, sin duda, uno de los mejores ejemplos de solidaridad en la historia.

Ellos reinventaron el mundo, el gobierno y las empresas. Demostraron que lo que no es predecible o conocido se puede alcanzar. Tomaron la iniciativa, inspiraron, trabajaron y produjeron lo que llamamos *"Un Gran Avance"*.

¿A qué me refiero cuando digo Un Gran Avance?

Un gran avance es el resultado, evento o efecto que se encuentra fuera de la predicción y la experiencia. No es una mera suerte. Es algo que se produce intencionalmente.

Un gran avance requiere un cambio de trayectoria. Esto significa que hay que cambiar el patrón de lo que se hizo o se supo en el pasado para hacerlo mucho mejor en el presente. Una nueva trayectoria que esté enfocada en **inventar, descubrir y crear nuevas posibilidades que trasciendan lo que ya se conoce, se espera, se predice o se prevé. Aquello que trascienda la realidad actual.**

Afirmo que los diversos líderes potenciales, los estudiantes, los ejecutivos, los directores en nuestras instituciones y programas educativos están meramente informados sobre el liderazgo, de acuerdo a ciertos libros de texto que hablan de liderazgo.

Segunda Mano

Por tanto, nuestros líderes *conocen* mucho sobre

liderazgo, pero a menudo no lo pueden generar como propio, su propia invención, en su voz propia. Explico: Uno puede conocer, comprender y explicar mucho sobre el golf y no ser capaz de jugar golf con eficacia y acción en el campo de juego.

Ejemplo: Un líder público importante que tenía la responsabilidad de más de un millón de personas, comenzó a notar su estrategia de éxito. Al ser la persona más inteligente en la compañía, había ascendido a un nivel más alto, donde era la autoridad. Llegaba a la respuesta con mucha rapidez y era muy impaciente.

Este estilo rápido y arrogante dejó una zona quemada a su alrededor, con personas descontentas y desempoderadas. Cuando empezó a asumir la posibilidad de ser un líder auténtico VERSUS ser la persona más inteligente de la compañía, él empezó a notar que el liderazgo es empoderar y capacitar a las personas con el fin de generar y cumplir con un futuro que de cualquier modo no iba a suceder.

Este futuro genuinamente expresa y cumple con los compromisos y las preocupaciones más fervientes de las personas. Empoderar es inspirar, equipar y autorizar. ¿Qué habilidades él desarrollo como líder, habilidades que no tenía cuando era un prepotente y creía que lo sabía todo?

1. Escuchó mucho más a los demás con perspicacia y eficacia.

2. Hizo preguntas abiertamente y útiles. Preguntó, miró, descubrió y aprendió. Él no tenía que saberlo todo.

3. Él decidió ver a los demás como personas ingeniosas, inteligentes y capaces, en vez de verlos como personas decepcionantes, tontas y lentas. Cuando él empezó a hacer eso, los demás se motivaron a hacer cosas que nunca antes habían hecho.

Ya no solo se trataba de demostrar que él era el mejor y el más inteligente, sino que comenzó a preocuparse *por los demás personas*. Su inteligencia ahora estaba al servicio de empoderar, inspirar y equipar a las personas, desarrollando y desafiando su modo de pensar y su conjunto de habilidades.

El Liderazgo Auténtico Hace Falta

El ganar, el oportunismo y el emprendimiento son poderosos e indiscutiblemente esenciales para el liderazgo, pero nunca igualarán o constituirán el liderazgo. Ser un líder real también exige crear la capacidad de ver y ser fiel a la totalidad de algo. Los líderes auténticos e imparables han aprendido a decir, hacer, inventar y defender un futuro que no estaba allí, con el fin de inspirar y comprometer auténticamente a las personas en su compromiso con el futuro, así como para hacer frente a los fracasos inevitables, retrasos y obstáculos de forma abierta, creativa y colaborativamente.

Los ganadores, en cambio son las estrellas individuales de alto rendimiento, pero no son necesariamente líderes. Contar con el liderazgo genuino de una estrella, literalmente sin transformar su modo de pensar de individuo a líder, es un proceso doloroso y decepcionante. Aquellos de nosotros que empoderamos a los líderes conocemos ese factor a partir de nuestra experiencia directa y profesional.

Para una estrella, todo gira en torno a él como un individuo. Lejos de uno ser empoderado por él cuando uno está a su alrededor, uno se queda con un sentimiento de *"ahhh muy bien por ti"*.

Sin embargo, un líder imparable es sinónimo de un propósito mucho más grande que sus preocupaciones individuales. Mientras nuestro modelo de liderazgo pretenda ser: *"la persona más inteligente es quien gana"*, nunca tendremos un liderazgo auténtico y poderoso.

Las personas más inteligentes son más que eso. Son líderes. Ellos son distintos.

Considera lo siguiente: El liderazgo es un fenómeno

de servicio audaz hacia los demás; de integridad más que de oportunismo; de sabiduría más que de conocimiento; de espacio, tiempo y perspectiva cultural más que de reacción a corto plazo; de valentía más que de cálculos y de desarrollo de personas más que de obtener respuestas rápidas. Es hora de reconocer que en el mundo existimos personas que sabemos hablar y escribir sobre el liderazgo, pero no sabemos enseñar e inculcar directamente el liderazgo en las personas. Por eso es importante reconocer que podemos enseñar y desarrollar su liderazgo de la forma correcta.

> **Impacto Neto:** El liderazgo auténtico ha ido despareciendo.
> **Considera lo siguiente:** Cuando veas a tus propios líderes (si, de hecho, tienes algunos), observa cuántos intentos de liderar ellos han hecho, por defecto, con ser un experto de conocimientos de algún tipo, o con ser la persona más inteligente del grupo.

¿Cuántos líderes ves o conoces que dirigen permitiendo que otras personas sean más inteligentes, más capaces, con más recursos, más generosas o más empoderadas? Analiza la diferencia entre las personas *que se creen los más inteligentes* en comparación con los líderes auténticos e imparables en los negocios, en las artes, en la política, en los deportes, en el gobierno, en los ministerios y en las fuerzas armadas.

¿Cuál eres tú?

Mi deseo es que éste libro te sirva como guía para transformarte en un líder imparable pero sobre todo, en un líder auténtico.

Tony Smith

CAPÍTULO 1:

LA HISTORIA DE MI VIDA

Nací y me crié en un hogar dominicano en Brooklyn, (Nueva York) con tres hermanos. A pesar de que crecí en un ambiente de calles infestadas de pandillas, me apoyé en mis padres quienes proporcionaron la base para mis lecciones en la vida. Mi madre, que trabajaba en dos empleos para mantener a su familia, siempre me dijo: "Edward, las personas poderosas y responsables siempre cumplen su palabra, trabajan duro y nunca mienten." Mi padre, que llegó a los Estados Unidos desde la República Dominicana, era conocido como un estricto disciplinario. Él solo tenía una educación de octavo grado, pero se retiró con un saludable patrimonio neto de seis cifras. Para él era muy importante trabajar duro, ahorrar e invertir dinero. Él nos enseñó que: "Si deseas algo con todas tus fuerzas, encontrarás una manera de hacer que suceda."

A la edad de 14 años, obtuve mi primer trabajo. Los fines de semana entregaba boletines de descuentos de los supermercados en vecindarios de Queens, (Nueva York) caminando, es decir a pie, de 6:00am a 2:00pm. Durante los meses fríos de invierno, usaba capas de ropa de a dos cada pieza (pantalones, sudadores, medias) seguidos por una cubierta de plástico para evitar que la nieve los atravesara. Trabajar al aire libre en el verano no fue nada fácil, ya que significaba sudar abundantemente. Después de mi ruta regresaba al supermercado para empacar las bolsas de compra para los clientes, una experiencia que pagaba el salario mínimo más propinas.

La mayoría de edad en la Infantería de Marina

A la edad de 18 años, entré a la Infantería de Marina en busca de un cambio y una oportunidad para crecer. Después de 6 meses, estalló la Guerra del Golfo y no tuve más remedio que ir a extranjero. Fue una experiencia agridulce, mientras aprendía otra lección de vida: "La Disciplina".

No me sentía cómodo recibiendo órdenes de la Autoridad. Odiaba hacer el turno de vigilancia nocturna durante los ejercicios de entrenamiento en el campo, lo que significó la interrupción del sueño a mitad de la noche de 1-2 horas diarias. Cada semana las habitaciones en el cuartel tenían que estar limpias. A veces, después de varias horas de limpieza fracasábamos en la inspección y teníamos que limpiar de nuevo para cumplir con las exigencias, tanto del Sargento como del Teniente. A lo largo de mi experiencia en el Cuerpo de Marines, aprendí que la disciplina consistía en ser organizado, dispuesto a cumplir órdenes y superar las expectativas de liderazgo.

Estancado: "De Mal En Peor"

En 1994, regresé a Nueva York pensando que finalmente había dejado la guerra atrás, solo para encontrarme a mí mismo dentro de otra guerra "La Pobreza". Con poco dinero, me vi obligado a regresar a la casa de mis padres para vivir en el sótano. Dormía en un cuarto con un frío glacial durante los meses de invierno, mientras que el aire frío se filtraba a través de los plásticos que trataban de cubrir las rendijas de las ventanas. Las duchas de agua fría eran la norma, debido al exceso de trabajo del calentador de agua. Mi salvación fue un pequeño calentador eléctrico y un saco de dormir de la Infantería de Marina.

En el otoño del año siguiente, me inscribí en clases de Artes de Comunicación en el Instituto de Tecnología de Nueva York. Ir a la universidad era mejor opción que pasar el tiempo en las calles y meterme en problemas con mis amigos. Sin embargo, no tenía dinero y tuve que saltar los torniquetes en lugar de pagar la tarifa del metro sólo para poder ir a la escuela. Para poder cumplir con mis obligaciones, tomé diferentes puestos de trabajo. Trabajé como representante de servicio al cliente a tiempo parcial para una empresa de Reparaciones de Televisores y Radios, que al final no me pagaban bien y hasta pasaba hambre. A pesar de que estaba trabajando, a veces sólo podía darme el lujo de comprar un plátano, un perro caliente o un jugo pequeño para el almuerzo.

Por lo tanto, busque conducir un taxi y llevar a clientes a algunos de los peores barrios de Brooklyn (poniendo mi vida en riesgo muy a menudo). Estaba decidido a terminar la escuela, así que continué estudiando a tiempo completo mientras trabajaba durante el día. Mi futuro parecía incierto y me sentía como un esclavo de mis circunstancias. A menudo estaba cansado, con sueño, frustrado y avergonzado de lo que se había convertido mi vida.

Justo cuando pensé que las cosas no podrían empeorar, así sucedió. El motor de mi vehículo se averió y era necesario cambiarlo, así que lo llevé al taller de mecánica. Mientras esperaba por la reparación, caminé hacia un salón del local para jugar billar. Nunca había estado allí, y el lugar tenía la reputación de ser un punto de venta de drogas. Conociendo esto aun así entre al lugar. Para mi mala suerte, pasados 15 minutos de estar jugando billar, policías invadieron el lugar y todas las personas fueron esposadas, incluyéndome a mí.

Afortunadamente, después de un largo interrogatorio, encontraron al individuo que buscaban y fui liberado. Me retiré de la escena, y jamás regresé.

Varios meses después tomé parte de mis ahorros duramente ganados e inicié una ruta de helados. El negocio era prometedor, hasta el punto que dejé que un joven condujera el camión y supervisara al ayudante. Yo pasaba por ahí durante las horas de mucho movimiento para observar como él perseguía las jovencitas en lugar de enfocarse en su trabajo. Me resistí a la necesidad de despedirlo y le di una segunda oportunidad. Ese verano perdí todo mi dinero y acumulé una enorme deuda, me vi obligado a vender mi taxi para pagarle a la persona que me rentó el camión de helados. Mi nuevo método de transporte era una "chatarra", uno de los vehículos de taxi más baratos y viejos en el mercado, el cual a menudo se me detenía con pasajeros en medio de las avenidas en lugares indeseables.

Fracaso tras fracaso, me volví perezoso, depresivo y abrumado. Dormía largas horas y comía varias veces en el día, por lo que llegué a convertirme en una persona aún más negativa. Cuestioné mi vida y mis acciones pasadas. Me sentí como una víctima y odié mi vida.

Ese período de mi vida fue muy frustrante. Me sentí como si estuviera girando en mi rueda todo el tiempo, sin llegar a ninguna parte. *Estoy seguro de que te puedes sentir identificad con mi historia.* Parecía que cuanto más lo intentaba, más era la deuda acumulada. Trataba de ir cinco pasos hacia adelante, y terminaba yendo diez pasos hacia atrás. Yo sabía que había tocado fondo cuando el dinero que había tomado prestado a mi madre para iniciar mi negocio de los helados se había perdido por completo. Los camiones estaban todavía ahí, pero simplemente no producían.

No tuve más remedio que trabajar una semana de 80 horas como taxista. Yo prácticamente dormía en mi automóvil porque tenía que hacer lo suficiente para sobrevivir y pagarle a mis cuatro empleados. Mi negocio de mercadeo de red fracasó y mi novia me dejó. Y como si eso fuera poco, entraba a escondidas a la casa donde yo vivía para evitar ver a la propietaria porque no tenía para pagar la renta que le debía. Me atrasé tanto, que se convirtió en vergüenza el sólo hecho de volver a casa. Ella vivía en el primer piso y yo vivía en el ático, así que por lo general me sorprendía a pesar de que trataba de escabullirme en silencio delante de su puerta.

Con cada desilusión y obstáculo en el camino, me deprimí y abrumé más. Dormía muchas horas y comía varias veces durante el día como una manera de escapar de mis problemas.

Cuando llegaba a casa del trabajo me acostaba en el suelo mirando hacia el techo, y me preguntaba, ¿qué había pasado con mi vida? Aquí estaba yo, quebrado, triste y desesperado. Mi deseo de convertirme en millonario se disipaba con todos mis problemas. En lugar de pensar en tener éxito, me consumí por mis problemas.

Yo estaba tan quebrado, que me pasé el verano sin aire acondicionado. Usted puede imaginar el calor que hacía en mi ático de 2 habitaciones y 400 metros cuadrados. Luego, cuando llegó el invierno y las cosas se enfriaron, tuve que ir a una tienda de segunda mano para comprar un abrigo usado porque no podía darme el lujo de uno nuevo.

Pasaban los meses y las cosas solo se ponían peor. Me sentía atrapado en mis circunstancias y problemas, hasta empecé a sentir que no habría manera de salir. Sin preocuparme por nada, deje de pagar las multas de estacionamiento y la consecuencia por   ignorar las multas fue que mi vehículo fue remolcado cinco veces en sólo un año. Cuando iba a ver a mi padre, este decía: ¿Has venido a pedirme más dinero? Porque no tengo nada más para ti. La palabra "vergüenza" en esos momentos me quedaba chiquita.

Para evitar toda esa vergüenza con mi familia, amigos y compañeros decidí evitarlos de la siguiente manera: trabajando, comiendo, durmiendo y quedándome en casa. Un día mientras trabajaba el turno de noche en la base de taxi, me encontré con una mujer que era una drogadicta muy conocida. Tomando en cuenta que la base de taxi se encontraba en el Este de Nueva York en el mismo corazón de Brooklyn, uno de los barrios con mayor índice de criminalidad, en los años 90 antes de la llegada a la alcaldía de Giuliani.

Esta señora se acercaba para vender cosas que había robado con el fin de comprar más crack y cocaína. De todos modos, "Nicky" se acercó a mí para venderme un radio de segunda mano. Le dirigí una mirada y contesté: "Tú sabes que yo no compro mercancía robada." Bajó la cabeza y dijo que sólo quería ver si yo podía darle un poco de dinero porque tenía hambre.

Bueno, no dije ni una palabra. Volteé mis bolsillos y le mostré que no tenía dinero en lo absoluto. Fue la primera vez en dos años como conductor de taxi que no tenía ni un centavo. Así de mal estaban las cosas. Nicky no podía creer lo que veía. ¡Siempre tienes dinero!- dijo. Luego se calmó un poco y me preguntó si tenía hambre.

Yo realmente no quería responder, pero antes de que lo hiciera, sacó un puñado de monedas de su bolsillo y me las pasó. Toma esto para cenar de mi parte- dijo. Cuando intenté devolvérselo, ella no lo aceptó. ¡Cuántas noches he comido gracias a ti, ahora quiero devolverte ese favor!- dijo.

Yo no podía creer lo que estaba sucediendo. Aquí estaba una adicta al crack que vino a mí en busca de ayuda, y finalmente fui yo quien necesité su ayuda. ¡Oh Dios, me golpeó como si hubiese sido con una tonelada de ladrillos! Fue entonces cuando supe que había tocado fondo y empecé a darme cuenta de lo mal que realmente estaban las cosas.

Nicky procedió a decirme que debía ser más positivo a pesar de saber que las cosas eran difíciles en ese momento, cuando le dije que prácticamente me había rendido ante las circunstancias.

Mire joven, sé que no soy la mejor persona para dar consejos, pero si quieres ser rico y exitoso eso no sucederá si sigues alrededor de esos taxistas fracasados. Es necesario que conozcas y te asocies con personas de éxito.- me dijo.

Cuando le pregunté: -¿Dónde voy a encontrar personas de éxito?-Se echó a reír. Entonces dijo: -¿Me estás preguntando?- Luego se puso seria de nuevo y continuó diciendo- Mira, yo no sé dónde encontrarlas, pero sé que no las encontrarás aquí, en tu carro, en este barrio, a la espera de una llamada de la base.-

No sé si Nicky lo sabía o no, pero le había dado en el clavo. Yo había desarrollado de alguna manera una mentalidad negativa. No era de extrañar, mis opciones de negocios no iban bien. Me di cuenta que tenía una actitud más negativa que ella, y decidí en ese mismo momento que yo iba a hacer todo lo posible para convertirme en un "Campeón Imparable".

Desencadenado

En 1996, un amigo me invitó a una convención sobre mercadotecnia de redes en Nueva York. Yo estaba desesperado, así que acepté la invitación. En pocos momentos, el conferencista me hipnotizó. Él era el orador invitado. Con una presencia elegante, inspiradora y poderosa. Su mensaje era: "El Poder del Crecimiento Personal". Fue la primera vez que escuché este concepto. Él explicó que cuanto uno más crezca, más feliz será y más dinero hará. Todo el público quedó cautivado y comprometido. Por primera vez en mucho tiempo, pude ver un nuevo y brillante futuro. Estaba ansioso y emocionado de iniciar un nuevo capítulo en mi vida.

Tuve el coraje de acercarme a él en el descanso. Le pedí que me recomendara una lista de buenos libros para leer. Me recomendó un solo libro para empezar, titulado: **"Piense y hágase rico"** de Napoleón Hill. Inmediatamente compré el libro y lo leí de principio a fin, empezando así mi viaje sin fin y la inversión de por vida en el Autodescubrimiento. Leí más libros sobre liderazgo, mercadeo, motivación y ventas. Asistí a varios seminarios, con Tony Robbins, Mastery University, Landmark Education, Zig Ziglar, Les Brown, Tom Hopkins, entre otros. Me encontraba en la búsqueda de **"Desencadenar el campeón dentro de mí"**.

Imparable

Una vez leí que los empresarios más exitosos comenzaron con la venta de un producto o servicio. Esto me inspiró tanto que me uní a una compañía de mercadeo y venta, la cual estaba centrada en el bienestar. Me gustó el modelo de Mercadeo, porque me permitía hacer negocio para mí mismo, pero con la diferencia de que tenía el soporte de los demás compañeros. Con capacitación y apoyo, aprendí a vender. Dominé la superación de las objeciones, la realización de presentaciones eficaces, pedir referencias y hacer cierre de ventas. También me hice un experto en empoderar a las personas, tales como el reclutamiento y la formación de equipos y el desarrollo de líderes. En pocos años, mi equipo en todo el país tuvo un promedio de $ 3.5 millones en ventas anuales.

Poco después, la compañía de Mercadeo reestructuró y cambió el plan de comisiones, el cual premiaba las ventas, pero penalizaba la creación de equipos y la creación de ingresos residuales a largo plazo. El plan residual fue modificado para beneficiar a la mayoría de las personas con ingresos superiores. A pesar de que estaba en el soporte superior, no estuve de acuerdo con el cambio y, ciertamente, no me gustaba cómo esto había afectado el futuro financiero de personas que eran ambiciosas y trabajaban muy duro en mi equipo. No tenía nada en contra de la compañía, de hecho la amaba y estaba muy agradecido por todas las lecciones valiosas que había aprendido allí, pero decidí seguir adelante para perseguir una de mis pasiones. Hoy recomiendo que antes de comenzar cualquier compañía te asesore de cuánto tiempo tiene en el mercado y cuan firme han sido en su plan de mercadeo. También no estaría de más que te asegure que tiene buenos productos y que es íntegra en lo que promete a sus socios.

Nada ni nadie me podía detener. Bienes Raíces me llamaba la atención, pero esto significaba que tenía que empezar todo de nuevo. Como emprendedor, me acostumbré a partir de cero. Por lo tanto, cree un plan y me apegué a él.

Llevé a cabo talleres para compradores y asistí a eventos de redes. Yo era tan persistente que toque 3000 puertas, a pesar de la lluvia y la nieve, y todo para presentarme a los clientes potenciales del vecindario. Al poco tiempo, construí un pequeño grupo de compradores y vendedores leales. A través de largas horas de duro trabajo y dedicación, me convertí en mejor vendedor de la Agencia en dos años y me ofrecieron además una posición de Asociación. En los años siguientes, construí un equipo de vendedores muy poderoso, el cual vendió más de $100 millones de dólares en Bienes Raíces.

Mi vida tomó un nuevo rumbo. Tuve la experiencia de sentirme "Imparable" en mi vida. A pesar de mis circunstancias, yo sabía que no eran más que eso "Circunstancias".

Empecé a reconocer que mi historia para pasar de "Estancado a Imparable", podría de alguna manera inspirar e influenciar en otros para hacer lo mismo. Amigos y familiares comenzaron a pedirme que les entrenara. Varias Universidades me invitaron para hablar a sus alumnos, así como también algunas Corporaciones me pidieron que pronunciara discursos a sus empleados. En el año 2007, puse en marcha mi negocio de charlas y entrenamientos.

La gente suelen preguntarse: ¿Por qué me apasiona tanto ayudar a otros? Mi respuesta es que tengo una capacidad única para potenciar a las personas de como pasar de "Estancado a Imparable" en todas las áreas de sus vidas. La conclusión es que estoy comprometido a ayudar a las personas a perseguir sus sueños, a concentrarse en su pasión y a crear la libertad financiera.

Como ya ven aprendí mucho sobre ser un Líder Imparable, y ahora voy a compartir contigo algunas de las estrategias que aprendí en esa jornada. Quiero que sepas que lo estoy haciendo porque deseo que tú también te transformes en un Líder Imparable.

CAPÍTULO 2:

CÓMO DEJAR DE DARTE POR VENCIDO

¿Alguna vez has estado en un apuro donde realmente te sientes listo para darte por vencido? ¿Alguna vez te han despedido de un trabajo o has sido defraudado por un socio o compañero de trabajo y simplemente te sentiste a punto de tirar la toalla? ¿Alguna vez has tenido una pareja que te ha dicho "me largo de aquí" y empezaste a dudar de ti mismo?

De vez en cuando la vida nos da cachetadas, nos atropella, escupe sobre nosotros e intenta destruirnos. Y todo lo que podemos hacer es preguntarnos "¿Dónde se detiene la carga?" "¿Cómo podemos seguir cuando todo parece tan difícil?" Si ese eres tú, entonces échale un vistazo a la lista de fracasos de este hombre. Es un testimonio verdadero de perseverancia a pesar de todas sus pérdidas y fracasos.

¿Puedes adivinar quién es este hombre?

Fracasó en su negocio	1831
Derrotado para la legislatura	1832
Fracasó en otro negocio otra vez	1833
Elegido para la legislatura	1834
Novia muere	1835

Crisis nerviosa	1836	
Derrotado por orador	1838	
Derrotado por funcionarios de tierras		1843
Derrotado para el congreso	1843	
Elegido para el congreso	1846	
Derrotado para re-elección	1848	
Derrotado para el senado	1855	
Derrotado para vicepresidencia		1856
Derrotado para el senado	1858	
Elegido presidente	1860	

"Abraham Lincoln"

Abraham se enfrentó a los peores desafíos del hombre y de alguna manera continuó avanzando. Nada le impidió tener éxito. Fue verdaderamente un "Líder Imparable".

Una de las razones principales por las cuales nos paramos o nos estancamos es porque tomamos nuestros fracasos de manera personal y decimos cosas como:

- Yo no soy bueno para esto. ¿Para qué seguir intentándolo?
- Yo soy un fracaso total y rotundo.
- Todo es mi culpa.
- Yo no merezco esto.
- Yo no sirvo para nada.
- La vida es injusta conmigo.
- ¡Nunca debí intentar hace_____!

¿Notaste un patrón muy común aquí? La mayoría de las oraciones empiezan con "Yo". Nosotros hacemos del fracaso parte de nuestras vidas y por eso lo tomamos como personal. Con razón dejamos de intentar y nos sentimos estancados.

Campeón, ahora intenta hacer lo siguiente: Saca el "Yo" de la ecuación y deja de culparte para que puedas empezar a volver a actuar otra vez, es tiempo de detener el sufrimiento. Es tiempo de dejar de tomar las cosas de manera personal. Solo entiende que todos somos humanos. De vez en cuando cometemos algún disparate o sucede algo inesperado. Esto se llama VIDA, y nos van a pasar esas cosas aunque no queramos. Entonces, en vez de culparte a ti mismo la próxima vez que fracases prueba la siguiente frase:

"Yo no fracasé, solo fracasé en el intento"

Al pronunciar esta frase te sentirás en un estado de potenciación. Simplemente estarás consciente de que no eres tú el fracasado es solo que fallaste al tomar acción, fracasaste al actuar en un área específica, eso es todo. Si fracasaste al intentarlo, entonces todo lo que tienes que hacer es volver a empezar en vez de culparte a ti mismo y sentirte como un derrotado. Una te da poder y la otra te quita poder. ¡Al final la elección es solo tuya!

La próxima vez que te sientas listo para darte por vencido solo recuerda este mensaje, y pon en práctica esta estrategia demostrada.

CAPÍTULO 3:

POSPONER DE LA MANERA CORRECTA PUEDE LLEVARTE A TENER MUCHO ÉXITO

¿Sientes que a veces te encuentras en una camisa de fuerza? ¿Has estado a punto de renunciar a tus sueños porque nada parece funcionar? Básicamente has estado renunciando debido a que lo intentaste una vez y no funcionó. Entonces, ¿para qué intentarlo de nuevo? Mientras más lo piensas, más pospondrás las cosas. Y si pospones lo suficiente eso te puede hacer sentir como si estuvieras en tu propia camisa de fuerza.

A continuación te presento tres consejos para poner fin al posponer, y como aprender a hacer de forma correcta las cosas que tienes que hacer.

1- En todos mis años trabajando con líderes me he dado cuenta que la gente suele posponer porque:

a) No hacen nada
b) Hacen algo menos importante
c) Hacen algo más importante

El último ejemplo es realmente una buena forma de posponer. Este suele ser el entrenador de béisbol que se olvida de recoger su ropa o cambiar el aceite del automóvil, ya que está pensando en una nueva estrategia para poner en práctica y así poder ganar el partido del campeonato. Se olvida de las pequeñas cosas menos importantes debido a que su mente está presente en las cosas más importantes. Así que si vas a posponer las cosas simplemente asegúrate de posponer las cosas pequeñas para trabajar en las cosas grandes.

2- Yo te estoy invitando a dejar de posponer las cosas, porque todas las cosas se mueven hacia adelante cuando se empieza a tomar ACCIÓN MASIVA. De todos modos debes posponer el posponer, si es que eso tiene algún sentido. Incluso si tomas sólo una pequeña acción cada día hacia tus metas y sueños con el tiempo creas un impulso en tu vida. Y cuanto más lo hagas, más seguro te sentirás. Y cuando tu confianza se eleve en esa área eso te inspirará a tomar más acción. Basta con aceptar que nunca será el momento adecuado para empezar, pero lo más importante es que EMPIECES.

3- La próxima vez que te encuentres posponiendo la misma cosa que dijiste que ibas a hacer solo detente y pregúntate: ¿Cuál será mi futuro probable si decido no hacer lo que yo dije que iba a hacer? Ejemplo: Si no estudio para el examen de la escuela, ¿qué es lo más probable que pueda pasar? Si verdaderamente te hiciste esa pregunta, la respuesta debe soportar el peso suficiente como para poner tu trasero EN ACCIÓN.

Tony Robbins dice que el dolor es el motivador más grande de todos. Cada vez que me siento estancado simplemente me hago esta pregunta: ¿Cuál será mi futuro probable si decido no hacer lo que dije que iba a hacer? Cuando comienzo a darle vueltas en la mente a la respuesta, puedo notar el impacto que eso causará en mi vida, y rápidamente recuerdo lo que está a la vuelta de la esquina si no tomo drásticas medidas al respecto. Yo uso esta simple estrategia para entrar en ACCIÓN cada vez que siento que no estoy en ACCIÓN.

A partir de ahora tú puedes hacer lo mismo simplemente haciéndote esta pregunta muy intencional y poderosa: ¿Cuál será mi futuro probable si decido no hacer lo que dije que iba a hacer?

CAPÍTULO 4:

LOS 4 SECRETOS DE LOS LÍDERES IMPARABLES

¿Sabías que todos los Lideres Imparables de talla mundial viven de cuatro secretos que son la fuente de su eficiencia? Estos secretos producen resultados tan extraordinarios que los llevan a su "Estatus de Líder".

¿Qué hay de ti? ¿Cuál es tu secreto para convertirte en un Líder Imparable en la realización de tus sueños? Tal vez deseas convertirte en un magnate de Bienes Raíces, a lo mejor en un famoso empresario del Internet, o quizás en el mejor vendedor de tu compañía. Cualquiera que sea tu sueño, conocer estos cuatro secretos de los que viven los Líderes Imparables te ayudará a realizarlo.

Somos parte de una nueva generación donde cualquier persona a cualquier edad puede ser tan exitosa como realmente lo desee, pero la verdad es que la mayoría de las personas no tienen todo lo que quieren o desean en la vida. ¿Y sabes por qué? Es porque la mayoría de las personas siguen la siguiente formula:

MOTIVACION + ACCION = RESULTADOS

En otras palabras, tú piensas que necesitas sentirte motivado para poder actuar. Por lo general esperas a sentirte listo y a que la presión esté sobre ti, y si no sientes eso en ese momento, piensas que te sentirás diferente y dicha tarea sería mucho más fácil si la realizaras "mañana". Si esperas que la motivación llegue hasta ti, no tendrás grandes éxitos o resultados reales en tu vida. Si lo piensas, nunca tendrás la motivación para ir al gimnasio, o para estar suficientemente motivado para ir a estudiar, o a lo mejor jamás tendrás la motivación para pintar esa habitación que has estado pensando pintar, y así la lista sigue y sigue.

Entonces, ¿cuáles son esos 4 SECRETOS de los que viven todos los LÍDERES IMPARABLES?

Secreto #1: Los Líderes Imparables toman "Acciones Masivas".

Los Líderes Imparables toman acciones masivas conforme a sus sueños sin importar sus sentimientos; no necesitan estar motivados, ellos solo toman acciones porque simplemente están comprometidos con los resultados que esperan obtener.

Esta es la fórmula que siguen los Líderes Imparables:

ACCION MASIVA = RESULTADOS= MOTIVACIÓN

Todos ellos saben que si toman acciones masivas verán resultados positivos a consecuencia de esas acciones, el producto de esos resultados los hará sentir más motivados, y una vez que estén más motivados eso les servirá de inspiración para tomar nuevas acciones que tendrán como consecuencia mejores resultados.

¿Entiendes el punto? Se trata de un ciclo continuo que acelera tus resultados, y la mejor parte es que no depende de tu motivación, sino de tus acciones.

Cualquiera que conozca el material de Tony Robbins ha oído hablar de "Acciones Masivas". Él incluso nos da un ejemplo perfecto acerca de acción masiva. Él dijo que cuando decidió convertirse en un orador público daba tres discursos por día, en lugar de tres discursos a la semana como hacían todos los demás oradores aspirantes. Y al hacerlo, se convirtió en un excelente orador en aproximadamente un mes en lugar de un año. De eso se tratan las "Acciones Masivas". Dime, ¿estás cansado de ser el secreto mejor guardado en tu Compañía? Si es así, la acción masiva es el boleto de entrada al éxito.

Es exactamente lo que significa el término "matar moscas con una escopeta". Se trata de utilizar la energía inquebrantable concentrándola en un propósito específico. Acción masiva no es para personas tímidas. Es para el guerrero determinado, porque mientras que el que es tímido llega a sentarse en el banquillo, el guerrero llega a marcar el Gol de la Victoria.

Ahora es tu turno para encenderte, porque las personas de alto rendimiento no son las que se sientan a esperar que algo suceda, al contrario ellos se paran y salen a hacer que algo suceda. Sí, es el momento de levantarte y dejar de ser un haragán, si ese o esa eres tú. Es hora de comenzar la acción masiva. No esperes a que llegue el estado de ánimo adecuado para hacerlo, porque si esperas a que eso suceda, entonces nunca harás nada.

Tú podrías ser el siguiente magnate de Bienes Raíces, también podrías convertirte en un actor famoso, o en un millonario del Internet, o a lo mejor en el principal vendedor de tu compañía, tal vez quisieras estar algún día en el show de Don Francisco o convertirte en un experto muy solicitado en tu área. Sea lo que sea, tienes la oportunidad de tomar las decisiones.

Y si a lo largo del camino a la cima te encuentras con una pared de ladrillos, ¿qué harías? Te estoy invitando a un enfoque diferente, y si eso no funciona quiero que tomes más acciones a través de un acercamiento diferente. Y si eso tampoco funciona, te exhorto que tomes acciones masivas y de nuevo a tratar acercamientos diferentes una y otra vez hasta que logres lo que quieres o deseas en la vida. ¿Por qué? Porque si tomas los pasos de estas acciones masivas te encaminarás al estilo de vida de tus sueños. Como vez, las acciones masivas traen resultados grandiosos que eventualmente se convertirán en una poderosa cuenta bancaria, lo cual dará como resultado un grandioso estilo de vida.

Pero si no tomas las acciones y simplemente te duermes en los laureles a la espera de ver caer algo del cielo, podría garantizarte que tu resultado será un precario estilo de vida. Esto es así, porque el NO tomar acciones lleva a pobres resultados lo cual lleva a una precaria cuenta bancaria y a un precario estilo de vida.

Ahora, si deseas realmente vivir el estilo de vida de tus sueños, tus acciones deben ir de acuerdo a tus sueños. Así que, dame la oportunidad de presentarte los siguientes principios fundamentales, ya que si quieres tener la casa de tus sueños, comprar tu auto favorito, y viajar cada vez que lo desees, tus acciones deben coincidir totalmente con tus sueños.

Una vez entrevisté a un multimillonario, y él me dijo que la diferencia entre los millonarios y los multimillonarios es que los multimillonarios tenían metas más grandes que los millonarios. Si así como lo oyes, los multimillonarios simplemente tienen sueños más grandes y toman acciones de acuerdo a sus sueños. Mientras tu sueño podría no necesariamente ser el de convertirte en un multimillonario, te reto a entrar en la misma línea de pensamiento que un multimillonario... Piensa en grande, ¡SUPER GRANDE!

¿Qué tan grande y ambiciosa meta tienes que puede llevarte al éxtasis cada vez que piensas en ella? Esa es la meta a la cual te exhorto aplicar acciones masivas para que veas los buenos resultados.

Secreto #2: Todos los Líderes Imparables, en algún momento de sus vidas renunciaron al "Club De Personas Negativas" y se rodearon de personas positivas y exitosas.

En el libro de Jack Canfield, titulado: "Los Principios del Éxito", menciona que Tim Ferris el autor del bestseller "La Semana Laboral de 4 Horas" quien cuando tenía 12 años recibió una llamada anónima en su contestador que dejó un mensaje de Jim Rohn (un millonario exitoso y famoso autor) el cual decía de la siguiente manera: "Eres el promedio de las 5 personas con quienes pasas la mayoría de tu tiempo". Este mensaje cambió la vida de Tim Ferris para siempre. Durante días no podía sacar ese mensaje de su mente. A la edad de 12 años, Tim reconoció que los jóvenes con quienes compartía su vida no eran las personas que él quería que influenciaran en su futuro.

Así que, fue donde sus padres y les pidió que lo cambiaran a una escuela privada. Fue a la escuela "St. Paul" por cuatro años y las enseñanzas que adquirió en dicha escuela lo encaminaron a viajar a Japón durante un año para estudiar Judo y Meditación Zen. Después fue a la Universidad de "Princeton" por 4 años, donde se convirtió en un "Luchador de Fama Nacional", es decir, en un Campeón de Kick Boxing, y eventualmente comenzó su propia empresa a la edad de 23 años. Como pueden ver, Tim entendió que nos convertimos en lo que son las personas con las cuales normalmente estamos rodeados.

Si quieres alcanzar grandes éxitos en tu vida, tendrás que eliminar a las personas negativas de tu entorno, de esta manera permitirás que la energía positiva de tu vida pueda florecer. ¿Ya lo ves? Hay dos tipos de personas, y estas son:

anclas y motores. Tu objetivo es soltar las anclas y agarrarte a los motores, porque los motores van a algún lugar, en cambio las anclas no van a ningún lugar ni permitirán que tú lo hagas. Reconoce tus anclas.

Secreto # 3: Todos los Líderes Imparables piden apoyo cuando se encuentran perdidos o confundidos.

Las personas que han conseguido grandes éxitos en sus vidas en algún momento tuvieron el apoyo de algún amigo, entrenador o mentor. La verdad es que no existe ningún alma en la tierra que haya alcanzado el "Estatus de Líder Imparable", sin la ayuda de algún amigo cercano o mentor. Todos ellos o ellas, han logrado dar el gran salto, echando su ego a un lado y solicitando la ayuda de un líder, pero la triste verdad es que la mayoría de la gente no lo hace.

Permíteme compartir contigo la siguiente historia para comprobar este punto. Uno de mis clientes una vez me contrató para hablar con su equipo de Ventas Inmobiliarias de 200 vendedores. A medida que me compenetraba con los vendedores inmobiliarios antes del evento, le pregunté a cada persona que conocí, si alguno de ellos sabía quiénes eran los cinco mejores vendedores de la empresa. La mayoría respondió que sí, entonces rápidamente mencionaban sus nombres. Esa noche le pregunté a la audiencia si conocían los nombres de los cinco mejores vendedores de la empresa, y la mayoría de las personas en el público levantó la mano. Entonces les pedí que levantaran la mano si alguna vez se habían acercado a ellos para pedirles algún consejo. Puedes creer que sólo una de entre 200 personas levantó la mano. Y cuando le pregunté cómo estaban sus ventas, dijo que sus ventas se habían incrementado a partir del momento en que pidió ayuda.

La conclusión es que, si pretendes tener éxito debes empezar a invitar a otros campeones a almorzar o cenar para compartir y aprender de ellos los principios de éxito que ellos están aplicando. Asiste a eventos en los que puedas sacar información. Te sorprenderás de la forma en que otros líderes se ponen a la orden para brindar soporte cuando otras personas se les acercan. Debes tener un mentor.

Secreto #4: Los Líderes Imparables NO dan excusas.

Tal vez realmente deseas tomar acciones masivas y solicitar el apoyo de otras personas, pero estas indeciso acerca de si salirte o no de tu zona de confort. Me gustaría compartir contigo una historia dirigida a cambiar la idea de mantenerte cómodo. Imagínate un momento en el que estas solo(a) en una habitación preciosa y traen hacia ti toda la comida que deseas cada vez que te de la más mínima pizca de hambre. La habitación es tranquila, cálida y relajante, y se siente una constante sensación de amor y tranquilidad. ¿Te suena familiar? Me estoy refiriendo a los días en que te encontrabas en el vientre de tu madre. Ese es el único lugar donde fuiste alimentado sin preocupaciones durante todo el día, había muy poco ruido, y donde nadie te molestaba.

Entonces, de repente el agua fue drenada hacia afuera de tu habitación. Fuiste volteado de arriba hacia abajo sin contemplación, apretado a través de un estrecho túnel, y brutalmente expulsado. Esa fue tu primera interacción con el frío mundo exterior, donde fuiste abofeteado en el trasero y tu suministro de alimentos fue cortado. Tu cara y tus ojos estaban manchados con algo que no reconocías, y lo único que querías era que te dejaran de nuevo en tu habitación. Sin embargo, no hubo vuelta atrás y tampoco la habrá.

Ahora, te voy a decir algo muy radical. Nunca vas a volver a la comodidad del vientre de tu madre, así que deja de quejarte y entra en Acción. No importa qué tan cómodas sean tus excusas y razones para no actuar, todo lo que hacen es detenerte de tomar la acción. Recuerda que sólo hay dos tipos de personas en la vida, y estas son: Los que tienen resultados y los que ponen excusas. Curiosamente, aquellos que ponen excusas por lo general no tienen resultados, y aquellos que tienen una gran cantidad de resultados no ponen excusas.

¡Recuerda que la elección es tuya y debes hacer lo que haya que hacer sin importar lo que sea.

CAPÍTULO 5

¿TE GUSTARÍA SABER CÓMO PUEDES DESHACERTE DE LAS QUEJAS?

Hace unos años recibí un correo electrónico con una cita de Henry Ford que decía lo siguiente: **"Nunca te quejes, nunca des explicaciones"**. En el email se recomendaba que imprimiera la cita en un pedazo de papel y que la pusiera en un lugar donde yo la pudiera ver todos los días. Solo podía quitar la frase siempre y cuando hubiera pasado un día entero sin quejarme.

Me detuve a pensar y dije: ¡Ok, acepto el reto! Pero en realidad fue muy difícil. Al día siguiente fui al trabajo prometiéndome a mí mismo que iba a ser el último día que me iba a quejar acerca de algo. Pero una y otra vez seguía quejándome. Cuanto más lo intentaba, más me daba cuenta de lo difícil que era cumplir con esta tarea tan fácil.

Incluso me llegué a decir a mí mismo: "Vamos Edward, eres un Conferencista Transformacional y un Coach Empresarial que viaja a lo largo y ancho del mundo enseñando cosas como ésta". *¿Por qué no puedes deshacerte de este mal hábito?*

Entonces fue ahí cuando reaccioné y me di cuenta de que está en nuestra personalidad el quejarnos. Es parte de nuestra naturaleza el quejarnos y juzgar, porque haciéndolo conseguimos librarnos de la culpa.

¿Cuántas veces te has encontrado en una situación igual o parecida a ésta, o sea, diciendo lo siguiente?: Estoy quebrado y es tu culpa. Estoy deprimido y es tu culpa. He perdido mi dinero y es todo por tu culpa. Estoy divorciado por tu culpa. Todo es tu culpa. Estoy gordo(a) y es por tu culpa. Y la lista sigue y sigue…

Lo importante en todo esto es que en el proceso de este reto pude darme cuenta de lo mucho que nos quejamos y juzgamos a los demás. Estar consciente de un determinado comportamiento siempre es un buen punto de partida.

¡Lo que pasó después fue asombroso! Decidí auto-examinarme y poner en práctica lo que predicaba. Entendí que independientemente de lo que me ocurriera en la vida **ME IBA A RESPONSABILIZAR AL 100% DE MIS ACTOS Y MIS RESULTADOS.** También entendí que quejándome y juzgando nunca obtendría los resultados deseados.

Quejarte hace que desaparezca tu poder interno, haciéndote lucir como una víctima ante las circunstancias. Puedes recuperar ese poder interno siempre y cuando dejes de quejarte, y empieces a aceptar la responsabilidad de todo lo que ocurre en tu vida, Y CUANDO DIGO TODO, ¡ES TODO!

Por ejemplo:
- Si pierdes tu trabajo, es tu responsabilidad.
- Si alguien a quien quieres te deja, es tu responsabilidad.
- Si tus inquilinos te dejan de pagar, es tu responsabilidad. Sí___. (Llena el espacio).

Con estas palabras finales te invito a que dejes de "Quejarte". ¡La vida es para vivirla, reírse y disfrutarla!

CAPÍTULO 6:

¿QUÉ METAS PIENSAS LOGRAR EN LOS ÚLTIMOS DÍAS QUE RESTAN DEL AÑO?

Hola, estás invitado a ir conmigo al baúl de los recuerdos por unos minutos. Hace poco tiempo estabas celebrando la llegada del año nuevo. Estabas celebrando con tus familiares y amistades. Posiblemente estabas bebiendo un tequila, vino o tu cerveza favorita.

Estabas sintiendo mucha alegría por las esperanzas que ofrece un nuevo año. Comiste, bebiste y cantaste con tus amigos más cercanos y los miembros de tu familia al esperar ansiosamente minuto por minuto y segundo por segundo la llegada del año nuevo.

El **NUEVO AÑO** no solo sería el inicio del año, sino que también sería el inicio de un año lleno de nuevos retos. En medio de toda la alegría y emoción, escuchaste a alguien gritando *"Hey, quedan 30 segundos para entrar el año nuevo"*, y luego *todos juntos gritaron ¡5...4...3...2...1...!*

¡**FELIZ AÑO NUEVO!** Todos saltaron de felicidad abrazándose y celebrando la llegada del año nuevo. En ese momento tan emotivo, declaraste varias metas que querías cumplir y probablemente hasta juraste que darías el todo por el todo para lograrlas. Cerraste el puño y dijiste: *"Trato hecho"*.

Pero, ¿lo es realmente? Ahora que te encuentras leyendo este artículo, ¿puedes decir que ya lo has logrado? ¿Has logrado alguna de tus metas o estás cerca de lograr algunas de ellas? Si la respuesta a estas preguntas es **"NO"**, entonces, ésta es mi pregunta para ti, ¿qué ocurrió?

Sin conocerte personalmente puedo acertar a que tu respuesta tiene que ver con algunas de las siguientes razones o excusas:

1- Estoy muy ocupado para hacer eso ahora, además el año aún no se ha acabado. Todavía me quedan _____ meses...

2- Empezaste muy bien pero te detuviste y no has podido seguir el paso hacia el logro de tus metas.

3- Enfrentaste un gran problema o tuviste una gran pelea, y dejaste que esa circunstancia tomara posesión sobre tus sueños.

4- Empezaste con fuerzas luego despertaste un día y te preguntaste: ¿En qué estaba pensando cuando dije que haría?

5- Me alegro tanto por no haber compartido mis metas con ninguno de mis amigos, porque si no me hubiese visto bien mal. Además, ellos todos saben que tengo muchos compromisos por el momento.

Voy a ser muy sincero contigo. Puede que no te guste pero alguien tendrá que ser directo contigo y ese alguien seré **"Yo"**. Realmente no estoy interesado en escuchar tus excusas y tus historias del por qué no has avanzado en esas áreas.

El punto aquí es que no has mantenido tu palabra. Y si realmente quieres ver realizadas tus metas, eso va a requerir que tomes acción aun cuando no quieras.

¿Crees que Gandhi en algún momento quiso renunciar a su misión de traer paz a la India a través de la **NO** violencia? ¡Claro que sí! Pero, ¿en algún momento escuchaste que él renuncio? ¡No, no lo hizo!

¿Puedes imaginar lo que hubiese pasado con la India y el Mundo si él hubiese renunciado a su misión? ¿Qué hubiese pasado si varios de los Líderes que conocemos en los libros de historia hubiesen desistido cuando se sintieron con todo el deseo de renunciar?

Te aconsejo que dejes de quejarte y que ACTUES. Aquí debajo veras algunas sugerencias que puedes tomar en cuenta para que los próximos 180 días sean los mejores de lo que resta del año **2012**.

1- Forma el hábito de escribir todos los días 3 cosas que están funcionando bien en tu vida, al hacerlo se te quitará de la mente lo que no está funcionando y entrarás en un espacio de gratitud, algo que frecuentemente olvidamos hacer.

2- Comparte tus metas con 3 de tus amigos y diles que lo tomen muy en cuenta. También diles que te llamen una vez o varias veces a la semana para preguntarte como va todo, y como pueden apoyarte.

Debemos aprender a entrenar a nuestros amigos para que puedan sacar lo mejor de nosotros. Los humanos nos convertimos en Campeones cuando somos tomados en cuenta. Te sorprenderás al ver como esa llamada pendiente llega el día que más la necesitas.

3- Honra tus compromisos y no a tus emociones. Si decides que quieres perder 10 libras, y la alarma suena pero no te sientes con deseos de salir de la cama, pues entonces, recuerda la oración **"DESPIERTA CAMPEÓN Y TOMA ACCIÓN"**. Solo recuerda que si te llevas de la emoción nunca vas a querer hacer nada.

Simplemente dí a tus emociones:*"WOW están haciendo un muy buen trabajo tratando de convencerme pero no van a ganar, al contrario voy a darle honor a mi palabra, y a como dé lugar voy a hacer lo que tengo que hacer".*

Cuando empiezas a HONRAR tus compromisos, empiezas a construir un movimiento muy fuerte en tu vida y eventualmente te conviertes en un líder **"IMPARABLE"**. Después que hagas esto y te conviertas en una persona totalmente Imparable, no me culpes. Si haces estas 3 sugerencias empezando hoy mismo, te garantizo que este año terminará de forma **"EXPLOSIVA"**.

CAPÍTULO 7:

LOS 7 HÁBITOS INTELIGENTES DE LOS LÍDERES IMPARABLES VERDADERAMENTE EXITOSOS

Si escogiéramos a 100 personas exitosas de todos los caminos de la vida y las colocáramos en una habitación, notaríamos que todos tienen cualidades y hábitos similares. Todas esas personas han adquirido ciertas características en su desarrollo personal que se han activado para convertirlos en exitosos. Después de haber trabajado con miles de líderes en la pasada década, he resumido el logro de sus éxitos a éstos siete hábitos:

Hábito #1: Se comprometen

Los Líderes Imparables se comprometen a vivir una vida de cumplimientos. Ellos saben que para estar completos tienen que vivir una vida realizada, y vivir una vida realizada es hacer todo lo que tienes que hacer en un momento dado para que no te arrepientas mañana. Dicho de otra forma, siempre están en acción porque quieren evitar a toda costa un arrepentimiento futuro.

Vivir una vida realizada significa que vives en el presente y no en el pasado. Significa que disfrutas el presente sin importar las circunstancias, y que constantemente estas creando un futuro inspirador para vivir en él.

Hábito # 2: Hacen lo que sea necesario

Los Líderes Imparables dan el todo por el todo y dominan la siguiente fórmula (LQSN). Esto es sinónimo de **"LOQUE SEA NECESARIO".**

El desarrollo personal está en tus manos, así que aprovecha lo que puedes hacer hoy por ti. Cuando defines tu meta o sueño tienes la habilidad para alcanzarlo. Todo lo que necesitas es concentrarte en tu desarrollo personal al seguir la fórmula (LQSN). Ejemplo:

- Si estas retrasado(a) en tus cuotas mensuales de venta "SOLO HAZ LO QUE SEA NECESARIO", para alcanzarla antes de que se acabe el mes.

- Si quieres perder 10 libras pero no tienes la energía o el tiempo para hacerlo: **"SOLO HAZ LO QUE SEA NECESARIO".**

Confía en mí, estoy seguro de que encontrarás el tiempo, aun cuando sea muy tarde en la noche o muy temprano en la mañana.

- Si tienes muchas deudas financieras y parece imposible pagarlas todas, "SOLO HAZ LO QUE SEA NECESARIO", y créeme que encontrarás la manera.

- "LO QUE SEA NECESARIO" significa simplemente eso "LO QUE SEA NECESARIO". Las personas mediocres viven en un mundo de razones y excusas, mientras que los altos ejecutivos viven en el mundo de: "LO QUE SEA NECESARIO". Aplica ésta fórmula de éxito ahora mismo en un área de tu vida con la cual no estás feliz, y ya veremos lo que sucederá.

El primer paso para tomar el control de tu propia felicidad es examinar tu vida. Adquirir un sentido de conciencia te guiará hacia tu propio desarrollo personal.

Hábito #3: Tienen un mentor

Los Líderes Imparables tienen un mentor y luego se convierten en mentores. Ellos saben que para convertirse en mentores van a necesitar un maestro que les enseñe lo que necesitan saber.

Si miras más de cerca, todos los Líderes que han logrado un estado de Líder Imparable es porque han tenido un mentor, desde George Washington a Winston Churchill.

Un verdadero Líder Imparable no se atrevería a hacerlo solo, porque la curva del aprendizaje es muy larga y riesgosa. Una vez que estos Líderes lograron ser maestros, fueron adelante y pasaron la antorcha. ¿Tienes un mentor? Si la respuesta es no, entonces qué esperas amigo(a), consigue uno ésta misma semana. ¡La vida es muy corta!

Poder desarrollarte como individuo toma tiempo, compromiso e integridad. Perseguir lo mejor de ti significa que estás listo(a) para el desarrollo personal.

Significa que estás preparado(a) no solo para descubrir que potencial tienes, sino también lo que puedes ofrecerle a otros. El desarrollo personal empieza con tu disponibilidad para aprender, continúa con tu experiencia para enseñar y termina por observar a otro. Y verlo florecer en su desarrollo personal.

Hábito #4: Eliminan la energía negativa

Los Líderes Imparables eliminan la energía negativa en sus vidas. Todos ellos saben que las personas negativas en sus vidas los van a detener en su camino hacia adelante, así que mi recomendación para ti es que (por más difícil que suene) dejes de estar alrededor de manzanas podridas. No es algo fácil de hacer pero definitivamente trae paz a tu vida. Créeme cuando te digo que la mejor forma de avanzar es estando LIBRE DE DRAMA.

¿Qué necesitas hacer para eliminar la energía negativa de tu vida? Este es un factor clave para tu desarrollo personal. Al dejar la energía negativa estas creando un ambiente positivo para poder crecer personalmente y desarrollar esa persona que tú quieres ser.

Hábito #5: Tienen inspiración

Los Líderes Imparables buscan inspiración para luego dar inspiración. Lo primero es darte cuenta de que no puedes dar lo que no tienes. Si no tienes amor, entonces no puedes dar amor. Si no estás inspirado, entonces no puedes dar inspiración.

Una de las cosas que todos los Líderes Imparables hacen es conectarse con su fuente de poder. Ya sea a través de su espiritualidad, cierta educación o una organización de desarrollo personal. Al conectarte a una fuente de poder que te inspire, estarás en posición de entregar poder e inspiración. La parte graciosa es que mientras más des, más poder regresará a ti.

Es fácil olvidar que todos tenemos que trabajar con más frecuencia en nuestro desarrollo personal. La inspiración que recibas de tu fuente de poder será de mucha ayuda para ti. ¿Estás conectado a una fuente de poder? Cuando lo estés, los regalos que recibirás jugarán una parte muy importante en tu desarrollo personal hacia un mayor éxito.

Hábito #6: Crean, no se quejen

Los Líderes Imparables son CREADORES no quejosos.

¿Eres una persona negativa, o te quejas todo el tiempo? Bueno, ¡tengo un brusco despertar para ti! Y es que teniendo esa actitud no obtendrás ese ticket hacia una vida extraordinaria. Es hora de dejar de ser la Reina o el Rey de tu propio drama.

La vida no es para quejarse, culparse o pelearse. La vida es para vivirla, reírse, disfrutarla y crear. Los Líderes Imparables crean su destino en vez de simplemente sentarse a esperar lo que la vida les dará.

La parte más loca es que cuando no estás creando, probablemente estas quejándote. Los Líderes Imparables saben que el desarrollo personal empieza con una actitud creativa y no con una actitud quejumbrosa. Esto es parte de tu desarrollo personal, así que tú escoges si quieres crear o quejarte acerca de tu decisión. ¿Quieres desarrollarte personalmente como individuo? Si la respuesta es sí, entonces actúa sobre tu decisión. ¡No hay mejor tiempo que el PRESENTE!

Hábito #7: ¡Juegan en grande!

Los Líderes Imparables no necesitan permiso para jugar en GRANDE. Ellos están constantemente rompiendo sus propios límites sólo para ver lo que es posible del otro lado. Para ellos un "NO" significa que están más cerca de un "SI".

Ellos buscan consejos, hacen grandes planes y luego enrolan todo el mundo en su visión. Ellos están usando estos 7 hábitos para su desarrollo personal y conseguir lo que quieren.

Ellos son dueños del hecho de que ellos son los elegidos y que nadie va a venir a rescatarlos. No son espectadores; ellos son aquellos a quienes los espectadores observan.

¿Necesitas permiso para jugar en GRANDE? Si necesitas ese permiso yo te lo concedo en este instante. *¡ADELANTE, JUEGA EN GRANDE AHORA MISMO!*

CAPÍTULO 8:

¿TE CONSIDERAS UN LÍDER IMPARABLE?

Un "Líder Imparable" es alguien que rompe y atraviesa todas sus barreras, independientemente de las circunstancias, el medio ambiente, la educación y los desafíos.

El "Líder Imparable" se compromete con su sueño y ese sueño se convierte en su fuerza motriz. El deseo de superarse consume sus pensamientos. Para él, no hay otra forma de vivir la vida, que no sea entregándose por completo en todo lo que se proponga.

Los Líderes siempre están en la cancha, jugando el todo por el todo. Toman riesgos y permanecen abiertos a las oportunidades que se presentan en sus caminos. Ellos usan cada contratiempo como una experiencia de aprendizaje. Acogen con satisfacción los desafíos que les presenta la vida. Ellos saben que fracasar es parte del juego.

Los "Líderes Imparables" siempre aprenden nuevas estrategias para elevar sus estándares, resultados y mentalidad. Como puedes ver, ellos no son personas comunes y eso es lo que los hace Líderes.

En el proceso para convertirme en un "Líder Imparable", aprendí una sorprendente lección. Aprendí que cuando se tiene una mentalidad Imparable, es mucho lo que se puede lograr.

Como ves, todos tenemos metas, sueños y caminos que queremos seguir. A menudo, simplemente no sabemos cómo llegar, o a veces tenemos el presentimiento de que hay demasiados obstáculos en el camino que nos bloquean el éxito. Y como resultado de eso dejamos de actuar. Luego, la sensación de estar atrapados nos consume. Lo sé porque sin duda alguna, este fue mi caso.

Te recomiendo que te hagas estas preguntas cuando te sientas atrapado o estancado:

1. ¿Por qué me he permitido experimentar estos sentimientos?
2. ¿Qué significado le estoy dando a esto?
3. ¿Qué lección puedo aprender de esta situación?
4. ¿A quién puedo pedirle apoyo?

En lo particular, cuando me hago estas preguntas generalmente las respuestas me empoderan a seguir hacia adelante de nuevo.

Yo le llamo a esto "Retroceder Tu Grandeza", porque te permite dar dos pasos hacia atrás para luego dar diez pasos hacia adelante.

PODEROSO, ¿CIERTO?

Una vez que tengas la mentalidad positiva de nuevo, te darás cuenta de que estás en el camino correcto para convertirte en un "Líder Imparable". A continuación, te presento 4 preguntas que puedes hacerte día tras día para medir tu "IMPARABILIDAD".

1. ¿Estoy dando lo mejor de mí?

2. ¿Qué estoy dispuesto a hacer para llegar a donde quiero? (destino, meta, misión, etc.).

3. ¿Están mis acciones alejándome o acercándome a mis metas?

4. ¿Estoy detenido por mis excusas o estoy en acción masiva? Empecé a hacerme estas preguntas a diario y tengo para decirte que muy pronto se convirtió en un hábito. Me encontré en acción constantemente y eso me ayudó a desarrollar mi "IMPARABILIDAD".

Mientras más Imparable fui, más fáciles fueron las cosas para mí porque empecé a:

·Atraer a las personas adecuadas a mi vida y a mi negocio.

·Atraer más oportunidades (más de las que puedas imaginar).

·Atraer la abundancia.

·Atraer el amor.

·Atraer resultados muy positivos.

Ahora quizás te preguntas, ¿será posible convertirme en un Líder Imparable? La respuesta es "SI" mi amigo(a), sí, lo es. En lo más profundo de nuestro ser todos somos Imparables. Y eso, a lo que yo le llamo "imparabilidad" existe dentro de todos nosotros.

¡La Imparabilidad existe en lo más recóndito de cada ser humano en el planeta, y la mejor parte es que es accesible a todos, es decir, que todos tenemos acceso a ese PODER!

Es un poder indetenible que cuando se concentra, se alinea y se centraliza todo sueño, meta, misión e idea puede convertirse en realidad.

CAPÍTULO 9:

¡DESHAZTE DEL MIEDO Y CREA UNA VIDA EXTRAORDINARIA!

¿Alguna vez has tenido miedo de saltar a la parte más profunda de una piscina? Y sucede que después que diste el paso descubriste que tus preocupaciones eran totalmente injustificables. Eran nada más y nada menos que tu viejo y conocido enemigo: el miedo.

Si buscas la palabra "Miedo" en el diccionario, encontrarás una variedad de definiciones, y una de ellas es: El miedo es una emoción penosa suscitada por peligros inminentes, el mal y el dolor, ya sea una amenaza real o imaginaria. Me gusta la definición que he escuchado frecuentemente del gran Conferencista "Edward Rodríguez" acerca del miedo. Él define la palabra miedo de la siguiente manera:

Mentiras
Internas
Exhibiéndose
Demasiado
Obvias

Quiero compartir contigo una historia que escuché acerca de un hombre que se mudó a un nuevo barrio en una pequeña ciudad de los Estados Unidos. El hombre tenía que caminar hacia una parada todos los días a esperar un autobús que lo llevara a su trabajo. Cada día tenía que pasar por una casa donde había un perro que ladraba ferozmente a todas las personas que por allí pasaban. Los vecinos solían cruzar la calle para evitar a este perro tan intimidante. El hombre pensó, *¡WOW! Si este perro se suelta me descuartizará.*

Un día, el hombre se aproximó a la casa y se acercó hasta la verja para verificar si el perro estaba a la vista. En vista de que no vio al perro, se sintió aliviado de que ese día no recibiría su ruidoso gruñido. Lo que el hombre no sabía era que la puerta de la verja estaba abierta y el perro estaba descansando bajo un arbusto del otro lado. Cuando el hombre paso por la puerta de la verja el perro apareció de la nada, corrió a través de la puerta abierta y lo atacó.

El perro saltó salvajemente sobre el hombre asustado, y trato de morderle justo en la mano. El hombre luchó para que le soltara la mano, pero el perro se la tenía atrapada. Después de unos minutos de estar luchando con el perro, el hombre logró soltar su mano y fue ahí cuando se dio cuenta que su mano no estaba herida para nada. De hecho, no había nada de sangre. Ni siquiera tenía las marcas de los dientes en la mano. Quedó claro que el perro no tenía dientes. Este hombre se dio cuenta que el tan temido perro no era capaz de hacerle daño ni aunque así lo hubiera querido. Toda la escena le pareció graciosa y rápidamente reconoció que eso no fue más que una falsa evidencia con apariencia de real.

Cuantas veces vas por la vida sintiéndote atemorizado, hasta descubrir que aquello que parecía tan atemorizante finalmente no era una amenaza.

Mi misión es ayudarte a eliminar esos miedos para que puedas avanzar hacia una vida extraordinaria, donde podrás experimentar una realización personal sin precedentes, y una increíble sensación de logros. Cuando conquistas tus miedos, el mundo recibe un invaluable regalo. No prives a la humanidad de ese maravilloso regalo.

Analiza las siguientes preguntas acerca de tu relación con el miedo:

- ¿Está siendo tu éxito limitado por el miedo?
- ¿Alguna vez el miedo ha impedido que persigas aquello que te apasiona?
- ¿En algún momento el miedo ha impedido que persigas nuevas oportunidades?
- ¿Te ha impedido el miedo que aprendas un nuevo idioma, que aprendas a nadar, a bucear, o a tomar clases de paracaidismo?

Si tus respuestas a estas preguntas indican que el miedo te tiene atrapado bajo su limitador control, te invito a escapar al otro lado, donde nunca más te perderás del regalo que es vivir realmente. Pero antes de invitarte a llevar tu vida al próximo nivel, quisiera alejar cualquier miedo persistente que puedas tener con respecto a lo "Desconocido". Primero que nada, lo que no sabes es que tú tienes la capacidad de crear la vida de tus sueños con el solo hecho de llevar tus miedos al pasado.

De esa manera, la exploración a lo "Desconocido" puede resultar en una experiencia positiva. El segundo aspecto positivo de lo tan temido "Desconocido", es que un nuevo tú puede surgir una vez que el miedo ya no sea un factor presente. Si llevas esta información hacia ti y actúas en torno a ella, te prometo que te volverás irreconocible para los demás e incluso para ti mismo. Empezarás a verte a ti mismo en una mayor y más capaz dimensión que nunca antes. ¿Te la juegas? ¡Maravilloso!

¿Estás listo para la verdad?

Ahora prepárate porque estas a punto de leer una frase que puede parecer algo radical. Aquí está la frase: "Tú no eres tus miedos". De hecho amigo mío tú ni siquiera tienes miedo. Todo lo que tienes es una historia acerca de tu miedo. Como el hombre de la historia anterior, quien creo su miedo basado en la historia que el mismo se contó sobre lo que habría podido pasarle en caso de que el perro se soltara. ¿Qué historia has estado contándote a ti mismo sobre que podría pasarte en caso de que persiguieras tus sueños? Tal vez tu historia es "la gente se reirá de mí", o "sufriré un vergonzoso fracaso". Permíteme decirte que cuando miras tu historia de esa forma, como si fuera una historia que genera falsa evidencia con apariencia de real y nada más que eso, empezarás a enviar tus miedos al pasado de una buena vez y para siempre.

Aquí está el Secreto Dorado, el cual comparto con mi público alrededor del mundo cuando les enseño a eliminar el miedo por sí mismos. El momento que reconozcas que estas enfrentando un pensamiento limitante, puedes matarlo en ese mismo instante gritando fuerte, ¡te tengo!

La frase *"Te tengo",* no solo te causará risa al principio, sino que también te ayudará a asumir tus miedos y a liberarte de tus ataduras. A lo mejor alguna vez has escuchado esta frase: "Lo que resiste persiste". Cuando toleras tus miedos les das el poder para controlarte y consumirte. En el momento que reconozcas tus miedos se volverán menos significativos y serás capaz de interrumpir tus pensamientos negativos de una manera cómica.

Una segunda técnica muy útil para interrumpir tus miedos es lo que yo llamo: *"Gíralo a 360 grados"*. Si le das un giro de 360 grados a tus pensamientos limitantes entrarás en una nueva forma de pensar. Observemos los siguientes ejemplos:

No tengo suficiente tiempo

> **Repuesta correcta:** ¡Tengo todo el tiempo del mundo! Eso puede esperar, lo haré luego.
>
> **Repuesta correcta:** ¡Lo voy a hacer ahora mismo! Soy un perdedor.
>
> **Repuesta correcta:** ¡Soy un campeón(a) emprendedor(a)! Esto es demasiado duro.
>
> **Repuesta correcta:** ¡Es muy fácil de realizar!

Aquí hay otras alternativas:

> ¡Si ellos pudieron, yo también!
> ¡Soy digno de confianza!
> ¡Tengo todo el tiempo del mundo!
> ¡Si habrá de ser, dependerá de mí!
> ¡Esto es bien fácil!
> ¡Estoy jugando mis propias cartas!
> ¡Estoy entusiasmado!

Uso esta poderosa y simple estrategia siempre que estoy estancado. Cada vez que me descubro a mí mismo dudoso o sintiendo temor, inmediatamente doy un giro de 360 grados a mis pensamientos limitantes y entro en acción. ¡Te invito a que hagas lo mismo!

Te invito a tomar un reto de 7 días para convertir tus miedos imaginarios en resultados palpables.

Te estoy retando a que dentro de los próximos siete días retomes aquellas cosas que has querido hacer por un largo tiempo, pero que no las has hecho realidad porque has sido detenido por perros sin dientes (tus miedos imaginarios y tontos). Te estoy retando a pasar de ESTANCADO a IMPARABLE, para que puedas "LIBERAR EL LÍDER EN TU INTERIOR". ¿Aceptas el reto? Confío en que tienes el coraje para hacerlo ahora mismo.

Te estoy pidiendo que le des a tus miedos un giro de 360 grados en los próximos siete días. Hazlo todos los días cuando te levantes por la mañana. Hazlo cuando estés en el trabajo y cuando estés en casa viendo la TV. Quiero que lo hagas cada día en los próximos siete días en donde quiera que te encuentres. Este reto requiere de toda tu intención. Prácticamente te convertirás en otra persona. Literalmente tendrás que echar a un lado cada una de tus excusas acerca de por qué no vivir una vida extraordinaria, pero te prometo esto: El resultado será asombroso. ¿Te la juegas? Bien, entonces envíales un agradecimiento a tus líderes por permitirte obtener este material:

"La vida adopta un sentido cuando adquieres motivación. Establece metas y trabaja en ellas de una manera imparable".

Les Brown

"Si hiciéramos todo lo que somos capaces de hacer, nos asombraríamos".

Thomas Edison

"Cuando conquistas tus miedos, el mundo recibe un regalo invaluable, no prives a la humanidad de ese regalo".

CAPÍTULO 10:

LA IMPORTANCIA DE ESTAR AL LADO DE LAS PERSONAS CORRECTAS

Imaginemos que Donald Trump te invitó a un almuerzo, y en ese almuerzo tu personalidad le agradó mucho, razón por la cual él te hizo dos ofertas... *Dos ofertas tentadoras.* Cada oferta individualmente podría liberarte de manera financiera por el resto de tu vida. Sin embargo, una provee efectivo inmediato y la otra provee 100 veces más que la primera oferta. ¿Cuál escogerías? Creo que ya tengo tu atención, así que aquí van las dos ofertas:

Oferta #1
$1.000.000.00 (en efectivo y empacados en billetes de $100).
Oferta #2
Cero efectivo, pero tendrás acceso directo de por vida a todos los contactos de Donald Trump.

¿Ambas suenan tentadoras, cierto? ¿Escogerías el millón de dólares en efectivo? Un millón de dólares en efectivo sin impuestos resolvería muchos problemas, ¿cierto? *Si eres inteligente escogerías la oferta #2.* Es obvio, ¿cierto? Tener acceso a los contactos de Donald Trump no tendría precio. Las posibilidades de éxito serían infinitas, ¿verdad?

Ahora bien, la mayoría de nosotros no tenemos acceso a los contactos de Donald, pero sí tenemos acceso a otras personas poderosas en nuestra propia comunidad. La verdadera realidad es que no estamos capitalizando esas oportunidades como deberíamos.

Aquí te presento tres estrategias que puedes implementar inmediatamente para empezar a capitalizar esos contactos a los cuales tú tienes acceso. Si haces esto tendrás todo lo que has soñado y deseado.

1- Cuando conozcas personas importantes, siempre tómate tiempo para preguntarles: Oye, ¿Qué es esa cosa tan importante que tú necesitas ahora mismo para acelerar tus resultados? Y luego busca la manera de ayudarlos a lograr sus resultados. Esto se logra conectándolos con otras personas de tu red a las cuales tú tienes acceso o compartiendo recursos que los ayudarían a ellos a logra su meta.

Si los conectas con una persona clave que los ayude a avanzar, de seguro que lo querrá hacer por ti también. Créeme, nunca se olvidarán de ti. A esto se le llama "Ley de Reciprocidad", ya que los que son grandes dando son los que más van a recibir. *Esta ha sido mi arma secreta más grande para acumula riqueza y éxito.*

2- Concéntrate en entregar valor masivo sin esperar nada a cambio. La intención principal es servir desde el corazón, si lo haces genuinamente y con la mayor intención de ayudar a ese alguien que necesita de tu ayuda, serás recompensado de varias maneras que a ti te sorprenderán. Y cuando la persona vea tus intenciones de buen corazón llegará un momento en que él/ella va a decir: -Oye, ¿qué puedo hacer por ti?-

3- Sé fiel a tu palabra. Si le dices a alguien que lo vas a conectar con otra persona que tú conoces, te aconsejo que cumplas con tu palabra. Si no puedes cumplir con tu palabra, asegúrate de comunicarle que no podrás hacerlo. Siempre mantén al tanto a esa persona con la que te comprometiste a ayudar. No hay nada peor que decirle a alguien que vas hacer algo y después no hacer nada.

Mantén tu palabra sobre todo, pero también mantente en acción y en comunicación. Cuando empieces a influenciar en los influenciadores es increíble lo que empezarás a lograr. Tendrás más impacto, más alcance y lograrás grandes resultados en tu vida.

Así que permíteme preguntarte: ¿A quién vas a ayudar hoy? ¿A quién vas a extender una mano para asistirlo(a) hasta lograr sus metas y aspiraciones?

CAPÍTULO 11:

¡LIBERA TU LIDERAZGO!

Mi primera exposición al mundo del Liderazgo sucedió cuando fui enviado a la "Guerra Del Golfo Pérsico" en el año 1990.

Sí, por si no lo sabías estuve en el cuerpo de Infantería De La Marina De Los EEUU desde 1990 hasta 1994. Y a la edad de 19 años tuve que aprender no solo a liderarme a mí mismo, sino también a otros. Todo empezó aquel día en el que me encontraba en mi Hummer equipada con sistemas de telecomunicaciones a unas 20 millas del frente de batalla. Recibí una llamada para sumarme a un batallón con más de 2000 infantes de marina, para brindarles asistencia en telecomunicaciones. La peor parte de esa orden era que estábamos penetrando en un terreno enemigo muy peligroso.

Durante esos días, solo dormía de 2 a 3 horas por noche y a pesar de la cantidad de llamadas que recibía por parte de las tropas solicitando asistencia, el equipo de telecomunicaciones que tenía bajo mi cargo se atoraba repetidamente. Yo estaba estresado, nervioso y atemorizado. Todas esas tropas dependían de mí, sus familias en sus casas dependían de mí. Sus vidas estaban en mis manos.

Fue en ese momento cuando me di cuenta tenía que decidir entre encogerme o expandirme. ¡Yo decidí EXPANDIRME! Mi primera decisión de Liderazgo fue mantenerme enfocad y calmado. Mi objetivo era salvar vidas al brindarles la mejor asistencia posible en telecomunicaciones a toda costa.

Afortunadamente, como resultado de mis esfuerzos ningún soldado murió dentro de mi batallón, y sé que tuve mucho que ver con ese resultado. No obstante sin importar el reconocimiento que recibí por mi Liderazgo, la mejor recompensa fue que aprendí a verme a mí mismo por primera vez en la vida como un Líder. Ahí fue cuando empecé a identificarme como una persona de la que otros pueden depender, aun en circunstancias de vida o muerte.

La razón por la cual comparto esta historia es porque tenemos la tendencia a liberar nuestro Liderazgo cuando nos exponemos a situaciones difíciles o incómodas. Normalmente no nos expandimos o crecemos cuando estamos cómodos. *Esta es la razón por la cual debemos colocarnos en escenarios incómodos si realmente queremos "Liberar Nuestro Liderazgo"*. Desde aquel entonces me aseguro de estar en situaciones incómodas, ya que ahí es donde más crecimiento yo experimento. Te invito a hacer lo mismo. ¿Te la juegas? ¡Maravilloso!

Antes de continuar con este tema, permíteme compartir contigo otra lección que aprendí al colocarme intencionalmente en situaciones incómodas en el mundo de los negocios. Lo haré en forma de una historia, ya que tenemos la tendencia de aprender más de las historias, además de que son más entretenidas.

Unos años después, mientras trabajaba como Agente De Bienes Raíces, me solicitaron que ocupara el puesto de gerente de ventas de la compañía. En ese entonces la compañía estaba pasando por una crisis financiera. De hecho solo había otro agente más en mi oficina, y la empresa estaba a punto de cerrar las puertas. Eventualmente acepte la posición de gerente de ventas más que nada por obtener beneficios porcentuales de alguna venta futura, y porque tenía la esperanza de poder darle un giro positivo a la situación.

Después de algunos meses, prácticamente no tenía resultados que demostraran mis esfuerzos. Sintiéndome desesperado y desmotivado, acudí a mi mentor para que me diera un consejo. Después de compartir con él lo que me estaba ocurriendo me miró a los ojos y dijo: "Edward, la razón por la cual la empresa no está teniendo los resultados esperados es por falta de Liderazgo. Continuó diciendo que si hubiese habido un Líder presente los teléfonos no pararían de sonar, tendrías que comprar más letreros de "SE VENDE", porque muchos propietarios de casas estarían llamándote para que les vendieras sus casas, y los agentes de Bienes Raíces estarían haciendo fila en la esquina para trabajar contigo."

Le hice la pregunta que cualquier persona desesperada en mi situación hubiera hecho: Entonces, ¿cómo podría yo ser ese Líder? Mi mentor me sugirió que empezara por leer cada libro que pudiera encontrar sobre el tema de Liderazgo. Además me dijo que asistiera a seminarios sobre Liderazgo para aprender de otros líderes respetables de mi industria. Hice todo lo que me dijo y en un plazo de tres años construí un equipo de ventas que fue responsable por la venta de 100 Millones de dólares en Bienes Raíces.

¿Qué hizo la diferencia para pasar de obtener pocos resultados a muchos resultados? De todo corazón les digo que el Liderazgo hizo toda la diferencia.

Me gustaría empezar por compartiendo contigo lo que no es liderazgo

- Liderazgo no es quejarse.
- Liderazgo no es reaccionar negativamente ante las circunstancias de la vida.

- Liderazgo no es acusar o señalar con el dedo a alguien cuando algo anda mal.

- Liderazgo no es ser un seguidor.

- Liderazgo no es esperar que venga otra persona a decirte que hacer.

Entonces, ¿qué es ser un Líder?

Un gran Líder es aquel que ve lo invisible, que lidera con el ejemplo, que saca lo mejor de la gente a su alrededor porque los entiende; lo siguen por convicción y no por miedo, es aquel que primero trabaja para los demás. Es aquel con valores muy claros, con determinación, autocontrol, decisión y simpatía, pero sobre todo con una maestría para el detalle.

Como Liberar Tu Liderazgo

Tu puerta de entrada al mundo del Liderazgo comienza cuando te das el permiso de ser un Líder. Quiere decir que tú empiezas a verte y sentirte como ante los demás. Y cuando operas a la altura de un Líder, tu confianza crece y las personas son atraídas por tu Liderazgo.

Una vez escuché que cuando uno quiere medir su liderazgo todo lo que tiene que hacer es mirar por encima de sus hombros a ver si alguien le está siguiendo. Si los miembros de tu familia, comunidad, lugar de trabajo, Iglesia, etc. Si te están siguiendo, eso quiere decir que posees liderazgo. Si nadie te está siguiendo, ¿adivina qué? Amigo mío, eso quiere decir que no eres un Líder.

El Segundo paso para convertirte en un gran Líder ocurre cuando asumes la responsabilidad de todo lo que sucede

Y cuando yo digo todo es todo. Por ejemplo: Si la luz no llega a tu oficina, asume la responsabilidad. Si a la fotocopiadora se le agota el tóner, asume la responsabilidad. Si el avión se retrasa y pierdes tu vuelo de escala, asume la responsabilidad.

Puede que te estés preguntando: ¿Por qué tengo que asumir la responsabilidad de todo, inclusive de las cosas que están fuera de mi control? Mi respuesta para ti es que tú eres la persona indicada, es decir, que eres esa persona a la que se puede llamar las 24 horas del día. También eres esa persona la cual asumirá la tarea de resolver todos los problemas, inclusive aquellos que no creaste.

Como Líder, eres ese alguien con quien las personas pueden contar,
sin importar lo que sea.

En el momento que te adueñes de tus responsabilidades para ser un Líder, ocurre un cambio en tu estado mental, y tu Liderazgo es liberado para que el mundo pueda experimentarlo. Muy pronto, más personas empezarán a seguirte. ¿Y a quién están siguiendo? Están siguiendo a alguien con quien pueden contar y que les inspira a tener ese mismo Liderazgo que demuestra. Esos son los seguidores, los que se sienten seguros cuando están cerca de ti, y además se sienten mejor consigo mismo ante las situaciones que enfrentan cuando están a tu alrededor. Esto es porque les has dado la confianza de que alguien, o sea, tú como líder le importas tanto para hacerse responsable de todo.

El reconocido autor John Maxwell en su libro "Las 21 Leyes Irrefutables del Liderazgo", puntualiza que cuando una empresa no está operando bien, los dueños empiezan a buscar un nuevo presidente administrativo. De igual manera, cuando una iglesia comienza a perder miembros, el cuerpo administrativo busca un nuevo pastor. Al igual que cuando un equipo deportivo pierde partidos consecutivos, el dueño del equipo busca un nuevo entrenador. Así que, está claro que traer un nuevo Líder es la mejor manera de efectuar un cambio positivo. ¿Eres tú ese Líder? ¿Eres tu quien puede hacer la diferencia cuando las cosas van de mal en peor?

Maxwell además señala que un gerente puede mantener una dirección, pero no puede cambiarla. Y que para poder mover a las personas en otra dirección, lo que se necesita es influencia. Entonces, ¿cómo puedes influenciar en las personas? La influencia ocurre cuando recargas a las personas con energía, fe y esperanza. Piénsalo, eso es lo que yo estoy haciendo en este momento al escribir este libro, es decir que yo estoy recargándote con energía, fe y esperanza. Y eso es lo que el Dr. Martin Luther King hizo al estimular el movimiento de los derechos ciudadanos. También, lo que hizo Mahatma Gandhi al proclamar la Independencia de la India del régimen británico. Eso es lo que hacen todos los grandes Líderes. Le dan a las personas la energía para ver con los ojos de la fe lo que es posible, y a tener las esperanzas y trabajar por un mejor mañana.

Podrías estar pensando, "Bueno, yo no soy Gandhi tampoco soy el Dr. Luther King, yo soy un ser humano común y corriente". Mi respuesta a eso que podrías estar pensando es un ¡ABSOLUTAMENTE NO! Tú de ninguna manera eres común y corriente. Si buscas liberar tu Liderazgo, simplemente tienes que entender que tú ya eres un ser humano *Extraordinario*. Tu Liderazgo siempre ha estado ahí, simplemente no has tomado el control de él. Pero, a partir de hoy ya sabes lo que tienes que hacer para desencadenarlo.

Ahora Exploremos los resultados de una encuesta reciente que muestra como una gran mayoría de ciudadanos comunes se convirtieron en grandes Líderes:

El 10% de ellos nacieron con el don natural de liderar: Si, de todas las celebridades, empresarios y personas que has visto en la televisión y de quienes has leído en libros de historia, solo el 10% nacieron con el don para liderar. Para ellos liderar es algo muy natural.

El 5% de ellos desarrollaron su Liderazgo a raíz de una crisis: A menudo, las crisis emanan lo mejor en calidad de Liderazgo, porque el Líder es forzado a pensar estratégicamente y con los pies sobre la tierra en medio de circunstancias de cambio brusco. Dicho de otra manera, las crisis los inspiran a dar lo mejor de ellos y por ende desarrollan mucho Liderazgo.

El otro 85% son influenciados por otros Líderes: Si, así es, la mayoría de los Líderes han sido influenciados por otros. Por eso es que te exhorto de manera decisiva, a que sigas mis instrucciones cuando te digo que leas libros acerca de grandes Líderes, que comparta con ellos, que les pidas apoyo, porque al hacer eso estarás siendo influenciado por ellos. Esta es la forma más rápida y efectiva para desarrollar tu Liderazgo. ¿Estás dispuesto a hacerlo?

¿Acaso no crees que ya es hora?

John Maxwell también dice que un buen Líder ve el trayecto completo con los ojos de su mente mucho antes de partir del muelle. Un Líder tiene una visión sobre el destino al que se encamina. Un Líder entiende lo que conllevará llegar ahí, sabe quién es necesario en el equipo para tener éxito y los obstáculos que encontrará mucho antes de que aparezcan en el horizonte.

Entonces, ¿cuál es tu visión? ¿Qué es eso que quieres traerle a la humanidad que hará la diferencia? ¿Sabes a quien necesitas en tu equipo para tener éxito? ¿Has considerado los obstáculos a los que te enfrentarás?

Podrías estar pensando que eso es demasiado trabajo o que tienes miedo de dañar las cosas si asumes el Liderazgo y expresas tu visión a los demás. Te daré la respuesta del famoso filósofo Platón: *Podemos fácilmente perdonar a un niño por tener miedo a la oscuridad; sin embargo, la verdadera tragedia de la vida es cuando un hombre siente temor de la luz.*

Estimado amigo, no tengas miedo de tu luz. En lugar de hacer eso, comparte tu luz con el mundo. Te prometo que mientras lo haces, otros verán su propia luz. Ve hacia adelante y libera tu Liderazgo.

CAPÍTULO 12:

¿TE IMPULSA EL MIEDO O LA PASIÓN?

¿Qué tipo de resultados estás obteniendo en tu vida?

Probablemente seas alguien que alguna vez ha tenido grandes sueños en la vida, sueños de lograr algo que realmente impactará al mundo. ¿Qué resultados ha producido ese sueño? Si nada se ha producido de ese sueño, ¿cuál ha sido la razón? Yo te aseguro que todos los resultados que tienes en tu vida se deben a una decisión que tomaste basada en el miedo o en aquello que te apasiona.

El miedo es un fenómeno natural que ha existido desde el comienzo de la humanidad. Es un instinto que, bien puede protegerte o dañarte. Si no se controla, el miedo puede privarte de las cosas que te apasionan y apagar el fuego de tus sueños de manera permanente.

Aquí está la buena noticia: "No es el miedo el que ejerce poder sobre nosotros", sino las historias que hemos creado en torno al miedo. Tu miedo imaginario, y lo llamo imaginario ya que tú lo creaste, por lo tanto no existe fuera de tu cuerpo físico. Por el contrario, vive en tu mente y se vuelve tan real como los dedos de tus manos.

Te invito a que te des cuenta como tu comportamiento se altera cuando es consumido por tus temores. Cuando esto sucede, podrás sentirte decaído o incluso desesperado. Es posible que tiendas a olvidar las cosas simples como las llaves del carro. Probablemente tu tono de voz se vuelva apagado y tus hombros comiencen a desplomarse. Yo le llamo a esto el "Estado Extraterrestre", porque en ese momento tú te pareces a un extraterrestre. ¡Vamos! Ya sabes a qué me refiero. Cuando estás en este estado fíjate como la pequeña voz dentro de tu cabeza, a la que yo le llamo "la quejosa", te habla a todo volumen. Te dice cosas como, *"tú no puedes hacer eso" "nunca lo harás así que ni siquiera lo intentes, compañero"*.

Básicamente, te habla sobre no hacer absolutamente nada, paralizándote totalmente ante tus miedos. Y en lugar de que tu vida sea impulsada por lo que te apasiona, tus miedos están controlando tu vida y haciéndote perder la oportunidad de vivir una vida plena.

¿Cómo puedes tomar buenas decisiones si el miedo te detiene?

Si el miedo te ha paralizado en el camino de tomar riesgos o decisiones, básicamente te vas a estancar y en vez de salir adelante irás hacia atrás. Así es, te retiras cuando el miedo tiene el control sobre ti. Y lo más probable es que no le pedirás a tu jefe un aumento de sueldo por miedo a escuchar la palabra "NO". Definitivamente no iniciarás ese negocio que tanto has soñado. Y estoy seguro de que no intentarás ni el buceo ni el paracaidismo.

Inclusive si tienes el valor suficiente para entrar en el avión, no saltarás con tu paracaídas cuando llegue el glorioso momento de la verdad. Al contrario, acabarás sentándote allí mientras todos los demás libremente se elevan sobre la tierra disfrutando de una vista espectacular del mundo, la cual pocos llegan a experimentar. En cambio tú, sólo verás a todos los otros paracaidistas disfrutando de la excitante emoción que decidieron experimentar.

Lo que tal vez tú no sabes es que probablemente estaban tan asustados como tú, pero dieron un salto de fe y decidieron no ceder ante el miedo. No obstante, decidieron seguir su corazón y aquello que les apasiona. *Permite que esta historia sirva como una metáfora de tu vida, enseñándote que es el momento de dar el salto. ¡Es hora de dejar de permitirle al miedo impedirte vivir una vida extraordinaria!*

Es muy difícil vivir una vida plena si tu vocecita (la quejosa), te convence de no hacer nada y de evitar todo lo que parece una amenaza. La verdad es que el 99% de lo que nos preocupa nunca sucede. Entonces, ¿por qué gastamos tanto tiempo reflexionando sobre las cosas que probablemente nunca sucederán? La respuesta es que tu vocecita quiere mantenerte encerrado en una cajita con un techo imaginario. Aquí es donde a tu vocecita le encanta pasar su tiempo porque es un territorio cómodo, seguro y muy familiar. Y me estoy refiriendo a tu zona de comodidad. Ahora ves por qué siempre fallaremos si seguimos tomando decisiones basadas en nuestros miedos.

Y bien, ¿estás listo para seguir adelante y tomar decisiones relacionadas con aquello que te apasiona? ¡Tú puedes! Vamos a empezar este viaje al otro lado, considerando la siguiente pregunta: ¿Qué sería de la vida si empezaras a tomar decisiones basadas en las cosas que te apasionan en lugar de tus miedos? Medita sobre esto por un momento. Probablemente te sentirás como si tuvieras el mundo en tus manos, ¿verdad? Esto se debe a que un nuevo mundo de posibilidades surge con el solo hecho de seguir tus pasiones. ¿No es genial?

¿Qué es pasión?

La pasión se puede definir como una actividad, una

idea, un ideal o la ocupación que se persigue sin tener en cuenta el tiempo o la dificultad. Se trata simplemente de seguir los deseos de tu corazón. En ese momento, tu visión y la visión de Dios para tu vida están en completa alineación. ¿Sabías que la Toma de Decisiones basadas en lo que te apasiona es un camino claro a tu destino? De hecho, te llevarán a un destino lleno de felicidad sin fin, realización personal y un legado a ser seguido por otros.

Al seguir lo que te apasiona, todos se benefician porque de la pasión crea inspiración, el amor se extiende, la contribución se entrega en abundancia, y el mundo es un lugar mejor porque tomaste la acción apropiada de perseguir lo que te apasiona.

La triste noticia es que la mayoría de las personas no despiertan cada mañana llenos de energía y amor por sus vidas. Al contrario, presionan el botón de pausa en sus relojes despertadores una y otra vez, ya que no están inspirados por el día en que se encuentra delante de ellos, porque saben que va a ser otro día de hacer más de lo mismo.

A menudo les digo a las personas que si llegan a soñar despiertos en el trabajo es porque están pensando en su pasión. Ahora bien, lo contrario también es cierto. Sí te encuentras pensando en encontrar un mejor trabajo o una vida mejor, es porque no estás siguiendo lo que te apasiona. Tus quejas constantes acerca de tus circunstancias son una clara indicación de que seguir lo que te apasiona es lo que está haciendo falta en tu vida.

Seguir lo que te apasiona es vital, porque es lo que lleva el oxígeno a tu alma.

Despierta al Campeón Dormido Que Llevas Dentro" El campeón que quiere desesperadamente despertar para lograr resultados extraordinarios.

Saber lo que te apasiona te permite vivir una vida llena de propósitos. Te permite hacer una diferencia en las vidas de otros. Así que, probablemente te estés preguntando, ¿cómo puedo yo descubrir mis pasiones más profundas

Déjame comenzar haciéndote las siguientes preguntas:

· ¿Qué te gustaría hacer si el dinero ya no fuera tu preocupación?

· ¿Qué es eso que ilumina tu vida?

· ¿Qué es aquello con lo que sueñas que es tan excitante cada vez que lo piensas?

· ¿A quién te gustaría ayudar?

· ¿Qué mensaje te gustaría compartir con el mundo?

· ¿Qué huellas desearías dejar en la humanidad?

· Si un genio viniera a ti hoy para concederte tres deseos, ¿qué pedirías?

La respuesta a estas preguntas con seguridad te revelará lo que te apasiona.

¿Qué puede hacer por ti el simple hecho de perseguir lo que te apasiona?

Descubrir y perseguir lo que te apasiona dará una sensación de libertad de la rutina cotidiana y monótona de tu trabajo. Todo lo que necesitas hacer es darte el permiso para avanzar hacia lo que te apasiona. Y si no te vas a dar permiso para hacerlo, entonces "Yo", Edward R. Muñoz, mediante la presente, te concedo el permiso para avanzar hacia el descubrimiento de tus pasiones más profundas.

No sólo te debes a ti mismo el hecho de descubrir aquello que te apasiona, también se lo debes a tu familia, amigos y al mundo, porque la pasión es aquello que trae una sonrisa al alma, paz a la mente y una felicidad duradera. Te mantendrá hasta altas horas de la noche trabajando en proyectos mientras otros duermen. Además, traerá una ola de confianza que otros envidiarán. Esto causará cambios tan drásticos en ti que te volverás irreconocible. Cosas que históricamente nunca se han movido en tu vida comenzarán a moverse simplemente porque comenzaste a moverte.

Espero que la llama de la pasión esté ardiendo dentro de ti en este momento. Me gustaría inspirarte un poco más dejándote saber lo que ocurre cuando finalmente decides vivir siguiendo aquello que te apasiona:

· Logras más
· Eres más eficiente
· Eres más efectivo
· Eres más productivo
· Eres más feliz
·Eres más propenso a alcanzar niveles de máximo desempeño a partir de tus esfuerzos.
· Lo mejor de ti sale a la luz

Cuando sigues aquello que te apasiona las personas notan algo diferente en ti. Verán que estás iluminado, a pesar de que no digas ni una palabra. Sentirán que estás viviendo una vida extraordinaria y envidiarán la nueva forma de ser que habrás adquirido. Al descubrir y tomar acciones sobre aquello que te apasiona profundamente te encontrarás centrado, enfocado e inspirado.

Este proceso te llevará a "Liberar Tu Campeón Interior". Tu sola presencia transmitirá una actitud de: "Venga lo que venga, que empiece la función". No importa la situación, obstáculo, problema o proyecto, te encontrarás operando a un nivel más alto y más intencional.

Así que, para vivir una vida de felicidad, realización y dominio, te invito a tomar decisiones basadas en aquello que te apasiona y nunca, óyeme bien, nunca basadas en tus miedos.

CAPÍTULO 13

PODEROSAS ESTRATEGIAS QUE PUEDES UTILIZAR CUANDO TE SIENTAS A PUNTO DE DARTE POR VENCIDO

¿Cuándo fue la última vez que tuviste un problema que te dejó tan abatido que, literalmente, afectó las otras áreas de tu vida que estaban funcionando muy bien? El impacto de tu problema comenzó a afectar las relaciones con tus seres queridos, el trabajo e incluso tu salud. Donde quiera que ibas, la gente notaba que estabas deprimido y todos a tu alrededor recibieron el impacto. Es como si tu problema, se convirtiera en el problema de ellos también.

A continuación te presento tres estrategias que te recomiendo poner en práctica para seguir adelante con fuerza, a pesar de las circunstancias:

1- *La BUENA NOTICIA es que puedes deshacerte de este sufrimiento y no dejar que esto afecte las áreas que están funcionando bien.* Hay una diferencia entre estar triste y sufrir. Estar triste es un fenómeno humano normal. Por ejemplo, si un familiar cercano se muere, entonces es normal que la reacción sea sentir tristeza, pero si han pasado 5 años desde la muerte de ese familiar y muy a menudo te encuentras triste, entonces eso ya no es tristeza, es sufrimiento.

2- *Sufrimiento no es más que la historia que creaste sobre lo que pasó.* Cuando puedas separar la historia que creaste de lo que en realidad pasó, entonces puedes tener acceso a ser poderoso otra vez. Por ejemplo, si sigues diciendo que no es justo, o que él/ella no debió morir tan joven, lo que va a pasar es que cada vez que repitas esa historia, en ese momento la historia cobrará vida otra vez.

Sin embargo, las personas poderosas son las que separan la historia de lo que realmente pasó. ¡Lo que pasó, pasó! ¡Y lo que no pasó, no pasó! El resto es una historia. Pero la verdad es que cuando puedas soltar la historia detendrás las explicaciones, excusas y el sufrimiento. ¡La elección es tuya!

2 - *Los personas poderosos tienen la capacidad de perdonarse a sí mismos, son humildes y suficientemente inteligente como para perdonar a los demás.* Cuando tenemos problemas, tendemos a ser demasiado duros con nosotros mismos y hacemos que todas las personas que nos rodean paguen por ello incluyéndonos a nosotros mismos.

No sé si ya lo sabes, pero la vida de Mahatma Gandhi cambió cuando su padre lo perdonó por ser un niño travieso y desobediente. En su niñez, él le daba muchos dolores de cabeza a sus padres y un día, al cometer una de sus travesuras, su madre le dijo: "Prepárate porque cuando tu padre llegue te va dar una paliza con la correa". Esa noche cuando su papá llegó, su esposa le contó lo sucedido y de inmediato se enfureció. El niño Gandhi estaba temblando del miedo porque sabía que su papá le iba a pegar con una correa como de costumbre. Pero en esta ocasión su padre hizo todo lo contrario, ya que se le acercó, respiró profundo y le dijo lo siguiente: "Hijo mío, en vez de pegarte para que aprendas la lección te voy a perdonar para demostrarte que uno puede lograr más a través del perdón y el amor". Esa experiencia marcó la vida de un niño que años después se convirtió en uno de los líderes más grandes de esa época.

Como ya sabes, Mahatma Gandhi instauró nuevos métodos de lucha (huelgas y huelgas de hambre), y en sus programas rechazaba la lucha armada y predicaba la no violencia y la resistencia pasiva como medio para resistir al dominio británico. Exaltaba la total fidelidad a los dictados de la conciencia, llegando incluso a la desobediencia civil si fuese necesario; además, luchó por el retorno a las viejas tradiciones Indias. La idea central era que las injusticias sociales deberían ser contestadas, pero no con protestas violentas, sino tratando de conseguir un cambio en la mentalidad de los propios oponentes. Este movimiento fue lo que ayudó a la India a lograr su independencia de los británicos y todo empezó cuando el padre de Mahatma Gandhi decidió perdonarlo. El perdón es muchas veces el primer paso para seguir adelante.

3– *Las personas poderosas desarrollan una actitud de Rinoceronte.* Estas personas enfrentan sus problemas, y a pesar de que puedan estar tristes, no permiten que se filtre la mala energía en las otras áreas que están funcionando bien. Ellos saben que para los momentos difíciles necesitarán una piel de Rinoceronte, es decir, bien dura. Las personas con actitud de Rinoceronte siguen tomando acción a pesar de sus sentimientos. De alguna manera, profundizan y reúnen el coraje para seguir adelante con actitud de Rinoceronte, porque saben que su liderazgo y los medios de vida dependen de ello.

Sé que es más fácil decirlo que hacerlo, porque recuerdo una época en que no tenía nada de dinero y tenía que hacer una venta para apenas sobrevivir y cubrir los gastos de mi familia. Créeme, no tenía energía ni el deseo de salir a la calle e ir de puerta en puerta tocando, pero la actitud de Rinoceronte es luchar por lo que tú quieres y dejar que la negatividad rebote sobre la piel gruesa. La piel gruesa que tenemos todos los Rinocerontes. ¡Vamos Rinoceronte, ponte tu armadura gruesa y lánzate a la acción!

CAPÍTULO 14:

LAS 3 LECCIONES QUE PODEMOS APRENDER DE UN NIÑO QUE NUNCA SE DIO POR VENCIDO

Había dos niños patinando sobre una laguna congelada. Era una tarde nublada y fría, pero los niños jugaban sin preocupación, hasta que de repente el hielo se rompió y uno de los niños cayó al agua. Gritó pidiendo ayuda, pero nadie le oyó a excepción de su amigo que estaba asustado.

En un intento desesperado por salvar a su amigo de ahogarse bajo el hielo, el niño tomó una piedra y empezó a golpear el hielo con todas sus fuerzas para abrir paso. Mientras más golpeaba, más su amigo intentaba buscar el agujero por el que había caído inicialmente. Pero el muchacho no dejó que la desesperación de su amigo interfiriera con su misión. Finalmente, después de muchos momentos sin aliento y de fuertes intentos, fue capaz de romper la gruesa capa de hielo. Milagrosamente, sacó a su amigo del agua y le salvó la vida.

Cuando llegaron los bomberos y vieron lo que había sucedido, ellos se preguntaron: -¿Cómo lo hizo?-

-El hielo es muy grueso- dijeron, hablando entre ellos.

-Además, es imposible que él pudiera romper el hielo con sólo una piedra, y también que las manos del niño son muy pequeñas - En ese momento apareció un anciano y dijo: -Yo sé cómo lo hizo-

-¿Cómo?- Preguntaron los bomberos intrigados.

El anciano respondió: -No había nadie alrededor para decirle que no podía hacerlo-.

A continuación te presento las tres lecciones que podemos aprender de este niño que en medio de la desesperación nunca se dio por vencido.

1. *El empoderamiento es una opción.* ¿Qué es lo que siempre te hará sentir empoderado? Es la capacidad de hacer una elección. El problema es que muchas veces nos olvidamos de que absolutamente hay una opción en todo. Incluso si las circunstancias externas nos impiden hacer lo que queremos, todavía tenemos una opción en la forma en que vamos a abordar la situación. Si hay algo sobre lo cual tenemos el control es nuestra actitud, pensamientos y sentimientos. Que esta historia sirva como un recordatorio de que el empoderamiento es siempre una opción.

2. *La vida es mucho más gratificante cuando no se trata de nosotros.* Cuando la vida solo se trata de ti, y solo te enfocas en ti, es aburrida y tiende a convertirse en una monotonía. El gran conferencista Motivacional Zig Ziglar dijo una vez: "Si tú ayudas a muchas personas a conseguir lo que quieren, obtendrás lo que deseas." La vida tiende a ser más interesante cuando no se trata sólo de ti. Si te fijas, todos los que han alcanzado la grandeza y un gran éxito, lo hicieron ayudando a otros. Recibimos la alegría y la abundancia de los demás cuando nos decidimos a satisfacer las necesidades de otras

personas antes que las nuestras. El niño de la historia superó lo que se percibe como imposible. Sucedió en el momento en que se detuvo y se olvidó él mismo. Te invito a impulsar tu ego a un lado, y empieza a convertir en tu mayor prioridad ayudar a los demás.

3. *Los personas poderosas no son razonables.* Si hay una cosa que es evidente en este mundo, es que las personas irracionales no dejan que las circunstancias les impidan lograr lo que se proponen. Ellos siempre encuentran soluciones a lo que sea que se interponga en su camino. El modo de pensar "no se puede hacer" no sólo está ausente en su vocabulario, sino que les molesta cuando están cerca de las personas que poseen esa actitud negativa. Míralo de esta manera, se va a necesitar un enfoque irracional para poder resolver el problema del calentamiento global, arreglar la economía, reparar nuestras finanzas personales, restablecer las relaciones, etc. En todo caso, este niño nos ha enseñado que el mundo pertenece a aquellos que están dispuestos a ser irrazonables.

CAPÍTULO 15:

VOLVER A EMPEZAR

Muchas veces queremos volver a empezar, pero usando las mismas técnicas que nos llevó al fracaso. Queremos comenzar una vida nueva, una nueva relación, un nuevo trabajo pero con las experiencias negativas pasadas, y cometemos el más horrendo de los errores.

La historia nos cuenta que San Antonio vivía en el desierto, cuando se aproximó un joven y le dijo:-Padre, vendí todo lo que tenía y doné el dinero a los pobres. Sólo guardé unas pocas cosas para que me ayuden a sobrevivir aquí. Me gustaría me enseñara el camino de la salvación-.

San Antonio pidió al joven que vendiese también las pocas cosas que había guardado, y con el dinero obtenido comprase carne en la ciudad. Y al regreso, debía traer la carne atada a su cuerpo. El muchacho obedeció. Al regresar, fue atacado por perros y halcones, que querían un trozo de la carne.

Ya estoy de vuelta -dijo el joven- mostrando el cuerpo sangrando por los arañazos y mordidas, y con las ropas hecha pedazos. -¿Por qué me mandó hacer esto?-

Para mostrarte que lo que trajiste de tu pasado no sirve en tu presente, -le dijo- Cuando tengas que escoger un nuevo camino, no traigas experiencias viejas.

Aquellos que dan un paso nuevo, pero quieren mantener un poco de su antigua vida, terminan desgarrados por los propios recuerdos.

Si quieres comenzar de nuevo, tener nuevos resultados y ser imparable, no lleves contigo tus experiencias negativas del pasado. Entiérralas porque no te sirven de nada (Escrito por Armando Granados).

CAPÍTULO 16:

¡DESPIERTA CORRIENDO!

"Cada mañana, en el África, una gacela se despierta; sabe que deberá correr más rápido que el león, o éste la matará.

Cada mañana en el África, un león se despierta; sabe que deberá correr más rápido que la gacela, o morirá de hambre.

Cada mañana, cuando sale el sol, y no importa si eres un león o una gacela, mejor será que te pongas a correr".

Sí, lo mejor que puedes hacer es ponerte en camino con una firme confianza y un renovado entusiasmo. Correr con la fuerza de la esperanza y con esa energía interior que permite superar obstáculos y avanzar sin decaer. Seas león o gacela tienes que sentir el milagro de estar vivo, derrotar el desaliento y correr con ganas. Si haces una lista de tus dones y te olvidas del ayer, podrás vivir el HOY con optimismo y serás capaz de insistir con tenacidad.

¡Ánimo! ¡Vamos líder no te rindas, se imparable en el día de hoy! ¡Corre con ilusión y cambia el pesimismo por una actitud mental y emocional positiva! ¡Recuerda que estar vivo es un milagro!

Atentamente, Armando Granados

CAPÍTULO 17:

CÓMO CONTROLAR TU ESTADO DE ÁNIMO PARA TENER UNA VIDA EXTRAORDINARIA

Un día se me ocurrió que, sin duda alguna, hay una cualidad que los grandes triunfadores tienen en común, y esta cualidad que los diferencia del resto es esa arma que todos ellos desarrollan para luchar contra de la mediocridad. Y esa arma es la que nos enseña cómo darle uso con entusiasmo a esa fuerza implacable que todos llevamos dentro. Lo que desesperadamente necesitamos es la capacidad para utilizar todo nuestro entusiasmo. Sí, mi querido Campeón, "entusiasmo". La simple habilidad de controlar no solo nuestro estado mental, sino también llevarlo consistentemente a los niveles más altos para alcanzar nuestros objetivos. Yo creo realmente que ésta es la diferencia entre el éxito y la derrota. Habiendo observado tanta gente de éxito durante todos estos años, me he convencido de que los afortunados, es decir, quienes siempre logran lo que quieren, han sido aquellos que siempre están motivados a actuar con máximo entusiasmo. Por lo tanto, me parece que es el tiempo para reforzar esa fuerza vital del entusiasmo y sugerir estrategias para desarrollar y mantener esa fuerza que todos llevamos dentro.

En lo recóndito del alma de cada ser humano existe una rica y profunda reserva de fuerza dormida que, una vez desencadenada, posibilita que cualquier sueño, idea o pensamiento puede convertirse en realidad. Esto es lo que se conoce como "fuerza personal". Algunas personas la desarrollan a mayor capacidad, y otras la desarrollan a menor capacidad. En esta primera parte voy a dar estrategias para levantar tu estado de ánimo, cuando te sientas deprimido o sin deseos de hacer nada, y así llevar tu estado emocional a niveles sin precedentes.

Hace algún tiempo, al iniciar una charla le pedí a la audiencia con mucho entusiasmo que visualizaran que estaban a punto de ganar un gran premio. Y luego les formulé la siguiente pregunta:

¿COMO SE SENTIRIAN USTEDES SI LES DOY LA NOTICIA DE QUE ENTRE TODOS SE ACABAN DE GANAR LA LOTERIA, CON UN MONTO ACUMULADO DE 50 MILLONES DE DOLARES?

Imagínense que ésta noticia fuera real por un momento ¡**WOW**! En este instante ustedes quizás saltarían de sus asientos, eufóricos, gritando y celebrando como si realmente si hubiesen ganado la lotería. En ese momento LO QUE YO HICE fue cambiarles su estado de ánimo; es decir, se visualizaron ganando una suma SUPER millonaria, y se entusiasmaron tanto que en SUS MENTES se les subió la adrenalina y como resultado sintieron una gran energía.

La persona que aprende a controlar su estado de ánimo gozará de excelentes resultados en todo lo que se proponga realizar. Mantener tu estado de ánimo al TOPE es el máximo secreto para ser feliz en la vida. Las personas de éxito siempre procuran mantener su estado de ánimo al máximo nivel. Ahora bien, para lograr cambios rápidos en tu vida y encender la chispa de ese poder que cada uno de nosotros llevamos dentro, tenemos que llegar a nuestro estado de ánimo TOPE. Sin él, es como tratar de asar un pollo en un horno frío y sin encender. Si no enciendes el horno nada va a pasar y lo mismo sucede cuando no decides elevar tu estado de ánimo al máximo nivel, o sea, A TU ESTADO CUMBRE. Cuando estás en tu estado cumbre tus habilidades físicas y mentales se multiplican, al igual que tus talentos y todas tus destrezas también se multiplican. Cada tarea que te propongas la haces mejor y obtienes mejores resultados. Incluso las tareas más difíciles las haces sin el menor esfuerzo. En tu estado cumbre vas a tener más confianza en ti mismo, más autoestima, pasión y entusiasmo. Te verás y te comunicarás diferente, vas a lucir mejor y te verán con más BRILLO. Cuando doy mis seminarios en vivo puedo notar que la gente duda cuando les digo esto, HASTA que ellos lo ponen en práctica. Algo no suena bien, la gente reclama. "Estas diciendo que una vez que desencadene el poder dentro de mí, yo puedo lograr todo lo que me propongo". Si, les digo ENTREN A SU ESTADO DE ANIMO CUMBRE y nada será imposible.

¿Alguna vez en tu vida te ha ido SUPER BIEN? Puede ser que en un juego de baloncesto o voleibol tú anotaste la mayor parte de puntos para que tu equipo se llevara el triunfo, o quizás en los exámenes finales de tu escuela obtuviste notas excelentes. Puede ser que en una reunión de negocios tuviste la respuesta correcta para cada problema. Todo eso sucedió porque tu estado mental estaba en un nivel superior al usual. Del mismo modo, es muy probable que en algunas reuniones tu capacidad mental no acertara a demostrar tu rendimiento intelectual. Sucede que en esas reuniones cuyos resultados fueron pésimos, en otras circunstancias similares habían sido óptimos, entonces lo echabas a perder, por sencillo que le pareciera. En esos casos de rotundo fracaso, tu estado mental estaba débil y no te permitía poner en marcha el motor que hace progresar tus mejores aptitudes. Me he dado cuenta ahora que dependiendo del estado de ánimo en que nos encontremos, eso va a comprobar, primero: ¿Cómo nos sentimos? y segundo: ¿Cuál va a ser nuestro comportamiento?

La realidad es que cuando nosotros estamos deprimidos, corremos mucho peligro. La depresión es una enfermedad tan grave que el año pasado los médicos dispensaron más de un MILLON de placebos a los pacientes que sufrían de depresión. Mientras más prolongado sea ese estado de ánimo más peligrosas serán las consecuencias, en muchos casos pueden causar trastornos mentales incurables. Por ejemplo, cuando tú estás deprimido tiendes a dormir mucho, tiendes a engordar, te sientes sin esperanzas, tu fe se desvanece, el estrés te agobia y fácilmente caes en una bancarrota irremediable. Pero lo peor es que mientras más tiempo dures en ese estado de depresión peor se pondrán las cosas. Pasan tantas cosas por tu mente que llega un momento en que se despierta ese animal que todos llevamos dentro, y cuando ese animal despierta casi siempre sucede lo peor, llevando a muchas personas a suicidarse y a quitarle la vida a otras personas hasta llevarlos a la locura. Ese animal te lleva a hacer y decir cosas que luego te arrepentirás de esas acciones, si es que no suceden ningunas de las barbaridades antes mencionadas. Bueno ya sabemos lo que nos espera si no controlamos nuestro estado de ánimo, por esta misma razón ahora voy a compartir contigo lo que deberías hacer para salir de la depresión y entrar en tu estado MÁXIMO.

#1: Levántate, salta dos o tres veces y haz 10 ó 15 abdominales o pechadas. #2: Toma una ducha de agua fría cantando tu canción favorita. #3: Vístete y perfúmate a gusto como un verdadero ganador. Y #4: sube la música y alégrate de estar vivo. Cuando esto llega a suceder tu estado de ánimo estará en su TOPE. Como consecuencia te sentirás mucho mejor y tu comportamiento va a ser tan positivo que te llevará siempre a tomar acción. También notarás que cuando tu estado de ánimo está en su TOPE se despierta otro animal, pero este animal es el GIGANTE QUE ESTA DORMIDO DENTRO DE TI, y sólo despierta cuando te sientes alegre y emocionado con tu vida. Él te ayudará a lograr aquellas cosas que nunca pensabas que tenías la capacidad de lograr. Se han escuchado historias de personas que han obtenido grandes logros en la vida. Créeme que esto NO sucedió al azar, sino porque a través del propio entusiasmo de la persona ese gigante lo impulsó y le dio la energía necesaria para hacer y lograr todo lo que se había propuesto. Entonces, si quieres este gigante como tu aliado, simplemente aprende a controlar tu estado de ánimo y verás que tu vida tomará nuevos caminos hacia el éxito.

Todos hemos escuchado historias acerca del acceso a nuestras fuerzas internas que se manifiestan en un abrir y cerrar de ojos. Laura Schultz de Tallahassee contaba con 63 años de edad en 1977. Ella le dijo a un reportero de una estación de televisión que nunca había levantado algo más pesado que un frasco de medicina, pero hace tres semanas, ella corrió hacia el garaje y levantó la parte de atrás de un Chevrolet que tenía pillado el brazo de su nieto. Como puedes percibir, Laura decidió utilizar su fuerza personal porque tenía que hacerlo. El problema es que la mayoría de las personas solo actúan de ésta manera cuando se ven presionado por un reto. ¿Por qué no nos decidimos a desencadenar la fuerza personal cada día, y a explotar nuestro potencial interno? Por un momento yo quiero que te imagines mirando un glacial en el polo norte.

Podrás notar que sólo un **10**% del hielo está en la superficie del agua, como pudieron notarlo aquellos que vieron la película **"TheTitanic"**.

Sin embargo, la gran mayoría del hielo está debajo de la superficie. Es decir, la parte que no se ve es muy superior a la parte que se ve, pero está ahí. Y la verdad, es que tú también tienes ese **90**% de tu energía personal durmiendo dentro de ti, esperando que tú decidas despertarla. Sólo por un momento imagina la obra de arte que tú crearías de tu vida si te decides ahora mismo a utilizar toda esa energía todos los días por el resto de tu vida. Que diferente se tornaría tu futuro, aún mejor, que diferente sería el día de hoy.

Ahora viene a mi memoria una historia que escuché hace algún tiempo acerca del magnate de seguros Don Frank Bettger. Cuando joven fue pelotero profesional en un equipo de liga menores del cual fue expulsado en 1907. El dirigente se arrepintió luego de haberlo expulsado, ya que el poseía las herramientas básicas de un buen jugador. Aunque era un jugador competente no tenía el entusiasmo de jugador. Bettger, firmó con otro equipo a un salario más bajo, pero continuó obteniendo los mismos resultados. Entonces, un día Frank se encontró con un profesional muy famoso, quien le preguntó: ¿Frank te gusta sí o no el beisbol? Ya que tienes las habilidades necesarias para el juego, pero te falta entusiasmo y hasta que tú no lo logres será imposible progresar en este deporte.

Tienes que tener entusiasmo, ya que es un requisito primario para alcanzar el éxito. ¿Qué puedo hacer?- dijo Bettger. Porque como no tengo entusiasmo, me parece que este es el fin.- Te equivocas Frank,- dijo el famoso profesional muy apresurado. "Decídete a actuar con entusiasmo, y créeme que todo te saldrá bien". Es tan simple como lo oyes. Actúa y juega el beisbol con entusiasmo, y verás cómo te nace el entusiasmo.

Una vez que el fuego de tus convicciones se encienda, tus talentos naturales te llevarán a la cúspide de este deporte. Finalmente la oportunidad de Frank Bettger llegó. Él fue asignado al equipo de New Haven y cuando salió al terreno a jugar ese primer día el determinó seguir los consejos que le había dado aquella persona. Frank básicamente jugó de ese día en adelante como el verdadero jugador que él era, en otras palabras el gigante que dormía en su interior había despertado. Corría como cargado de electricidad. Tiraba la bola tan duro que le sacaba el guante a los otros jugadores. Bateaba la bola como si le tenía odio y por ello logró algunas bases extras. Él literalmente bateó con autoridad por todas las bases del estadio, la temperatura estaba sobre los noventa grados bajo la sombra. El periódico de New Haven al otro día se preguntaba de donde había venido este extraordinario pelotero de nombre Bettger. El parecía un Dínamo Humano. Él continuó jugando con el mismo vigor y se sentía como un hombre nuevo. Él se convirtió en un jugador tan entusiasta, que un busca talentos de los Cardenales de San Luis lo vio jugar y en un abrir y cerrar de ojos estaba jugando en la Liga Nacional. En 10 días su salario subió de $25 a $185 y en dos años estaba ganando $750 al mes. Sus ingresos aumentaron en un 700%. ¡WOW!, esto era mucho dinero en el año 1907.

Durante una entrevista le preguntaron al Señor Bettger: -¿Cuál era su secreto? -Y dijo: -Yo conseguí un estupendo aumento de salario no porque tenía más habilidades para jugar, ya que yo no sabía más de beisbol que antes de conseguir este salario. Lo que en realidad me llevó a ganar más dinero, para contestar su pregunta, fue solo el entusiasmo, nada más que el "entusiasmo". Tú también puedes activar tu entusiasmo cambiando simplemente el estado de ánimo. Pensándolo bien es tu elección. Ralph Emerson una vez dijo: "Lo que tú eres viene hacia ti". De manera que actúa como tú quieres ser y así será. WOW, tienen fuerzas esas palabras, ¿cierto? Dime, ¿Tiene sentido eso? Esas palabras tienen tanta lógica que las voy a repetir de nuevo, LO QUE TU ERES VIENE HACIA TI. De manera que, actúa como tú quieres y serás como actúas. Eso es tan simple.

Supongamos que hay una escala de motivación y empieza en CERO, y culmina en DIEZ. Cuando te sientes cansado, triste, o muy deprimido, el CERO es el nivel que te corresponde. El DIEZ es el nivel donde te sientes motivado, donde puedes hacer lo imposible e incluso lograr lo increíble.

Ahora voy a compartir algunas características de personas que están en CERO, en la escala de motivación. Personas en cero son personas que se mueven bien despacio, como si tuvieran todo el tiempo del mundo. Son indecisos porque nunca toman decisiones con firmeza. Se desaniman fácilmente. No les gusta tomar riesgos y por esa misma razón nunca salen del círculo de conformidad. Son pesimistas, nunca ven el lado positivo. Se doblegan con presión o cuando tienen muchos problemas. La vida para ellos es como si el mañana estuviera garantizado. Finalmente, son personas que nunca mantienen el enfoque en lo que se proponen. Realmente esto sucede por tener el estado de ánimo en CERO y por no hacer el esfuerzo de levantarlo al DIEZ. Ahora bien, en la escala al DIEZ sucede todo lo contrario. Las personas que tienen su estado de ánimo en DIEZ, son personas que se mueven con una facilidad increíble, estas personas tienen muchas metas y no pierden el tiempo en cosas insignificantes. Son personas que toman decisiones firmes y con certeza, y una vez tomadas, no las cambian muy fácilmente. Siempre andan animados y hacen todo con mucho entusiasmo. Son personas que disfrutan tomar riesgos, porque son visionarias. Ellos siempre están pensando en el futuro, y la vida para ellos es un gran reto del cual piensan sacar el mayor provecho posible. Y por último, estas son personas que hacen todo lo posible por mantener el enfoque en todo lo que se proponen. Ahora bien, ¿en qué escala tú crees que tiene que estar una persona para ser exitosa en su carrera, ocupación o en futuros proyectos?

La Historia del Tartamudo

Conozco de otra persona que obtuvo grandes resultados por tener siempre su estado de ánimo en el TOPE. La historia se refiere a un Tartamudo que buscaba empleo en su pueblo. Un día, él fue a una entrevista de trabajo en una compañía distribuidora de Biblias que necesitaba vendedores. El pobre tartamudo fue rechazado por el gerente de la compañía, y todo por ser tartamudo. PERO, no por eso perdió la motivación, sino que él decidió regresar cada día en esa semana hasta que el gerente le dijo: -Mira tartamudo, no te sientas mal, pero yo no creo que tú puedas vender Biblias-.

Entonces él contestó: -Por favor déjame demostrarte que yo puedo-. Y el gerente le contestó: -Bueno llévate ese bulto de Biblias y al final del día vamos a ver cuántas vendiste, para ver si vale la pena darte el trabajo-. El tartamudo se fue lleno de entusiasmo, regresó a las tres horas y le dijo al gerente: -Nececesisito ma ma más Biblias, porque ya se me acabaron- y luego le pasó $1,000 dólares en efectivo. ¡WOW! El gerente lo miró sorprendido, y antes de preguntarle cómo logró vender las Biblias tan rápido ya se había ido el tartamudo con su segundo bulto. Horas después regresó el tartamudo y le pasó esta vez $1,500 dólares en efectivo. El gerente estaba tan sorprendido al ver tanto dinero, que reunió a todos los vendedores, y le preguntó al gago que cuál era su secreto porque hasta ese entonces nunca había visto en la historia de la compañía una persona que haya vendido tantas Biblias en un sólo día. El tartamudo le contestó: -Buebueno cuaaaa cuando yo toco la puerta yo le pregunto al cliente, ¿quieres comprar una Biblia o si, si si prefieres yo te la puedo leer?-. ¡¡Ha ha haha!!! ¡¡Increíble pero cierto!!! **Este gago obtuvo tremendo resultado, todo porque nunca bajó su estado de ánimo.** Su propio entusiasmo lo ayudó a perseverar con el gerente hasta conseguir el trabajo, y luego su entusiasmo lo ayudó a vender muchas Biblias en un solo día.

Otra fórmula que uno puede usar para mejorar y cambiar rápidamente su estado de ánimo, fue algo que yo escuché del gran motivador Anthony Robbins. Él dijo que uno debe mirar su mente como si fuera una rocola, o máquina toca discos. Y esa máquina toca discos, tiene muchos CD's con diferentes clases de música. Hay CD's que tocan merengue, salsa, rock y otros tipos de música. Ahora, cuando quieres escuchar una canción simplemente eliges el CD apropiado y luego la pones a tocar. Nuestra mente también tiene CD's, y cada uno de ellos representa algo diferente. Algunos contienen memorias de amor, confianza y buenos recuerdos. Otras personas tienen CD's de confusión, tristeza, celos y temor. Ahora como seres humanos que somos, inconscientemente nosotros estamos constantemente cambiando los CD's y como consecuencia nuestros comportamientos se reflejan con el que está tocando. Como puedes ver, el estado de ánimo en que te encuentres va a determinar tú comportamiento y eso será el gran factor que te ayudará a tomar acción o a detenerte de ella.

¿Tú has pasado una experiencia donde quieres hacer algo pero no tienes el deseo? La razón es porque necesitas cambiar el CD. Simplemente recuerda un momento en tú vida cuando lograste una meta que te propusiste. Quizás era una meta que muchos vieron como algo imposible, pero tú sabías que lo ibas a lograr. ¿Puedes recordar en éste momento cómo te sentiste cuando lo lograste? O sea, lo feliz que estabas. La actitud que mantuviste para lograrlo. Cada vez que te acuerdes de ese momento y lo vivas, o lo sientas, pues realmente le estarás mandando un mensaje a tu mente, y tu mente le transmitirá el mensaje al sistema nervioso. El sistema nervioso es el sistema del cuerpo que te impulsa a tomar acción. Esto trabaja porque tú decidiste cambiar la forma de enfocar las cosas, ahora te vas a dar cuenta que están trabajando, porque estás tomando la acción necesaria. Es increíble lo que pasa cuando decides cambiar la forma de pensar.

En conclusión, cambiando tus pensamientos negativos a positivos cambias la forma de sentir. Con ésta forma de sentir tu comportamiento será el de tomar acción en vez de quedarte inactivo. Este es un simple paso que instantáneamente creará grandes resultados en tu calidad de vida.

Ahora que cambiaste al CD correcto, lo segundo y más importante es cambiar tu fisiología, o sea, tu lenguaje corporal. Fisiología es sólo otra palabra de lujo para el lenguaje corporal. El simple hecho de cambiar tu fisiología, creará formidables resultados en tu vida. Por ahí se dice que la emoción crea la acción. La forma en que tú mueves el cuerpo hace sentirte de cierta manera. Si te fijas en los boxeadores y luchadores, su apariencia es agresiva NO depresiva, en otras palabras siempre están motivados a dar el máximo de rendimiento en su trabajo. Ellos vienen con la moral en alto y lo muestran en la forma en que mueven su cuerpo, que les inspira y así despiertan el gigante que llevan dentro. Muchos lo hacen de una manera inconsciente pero ahora yo voy a enseñarte estrategias para que tú puedas hacerlo conscientemente y en el momento indicado.

Durante mis seminarios en vivo, siempre le pido a la audiencia que me ayude realizar el siguiente ejercicio: Por ejemplo, quiero que ahora en este momento te sientas como si estuvieras deprimido. Fíjate como están tus hombros. Están decaídos, si tú logras imaginar que estás deprimido. Si tu cabeza está baja tu respiración es pesada o débil. En este instante no es posible que puedas motivarte, porque tu cuerpo está mandando otro mensaje a la mente.

Ahora cambia la postura decaída de tu cuerpo, para que puedas entrar en tu estado ¡CUMBRE!… COLOCA LOS HOMBROS BIEN ALTO. Si realmente quieres activar tu fisiología, una manera muy efectiva es chocar tus manos tres veces y cada vez que lo hagas decir la palabra: Si. En cada intento hazlo cada vez aún con más energía. SI, SI, SI, CAMBIA EL RITMO DE TU RESPIRACION. COLOCA LA CABEZA EN ALTO. Vamos, tu PUEDES. No tengas temor de hacerlo. Este ejercicio es muy sencillo, pero es muy importante que lo practiquemos. Recuerda que si quieres ser una persona exitosa, necesitas hacer lo que hacen los triunfadores. Observa en tu comunidad quienes son los líderes y te darás cuenta de que, en todo momento, todos ellos andan en su estado CUMBRE. Ellos saben controlar su estado de ánimo, por eso es que son líderes y se ganan la lujosa cantidad de dinero que se ganan.

Pongamos en práctica el siguiente ejercicio. Siéntate con una postura de guerrero. Tu lenguaje corporal debe demostrar la fisiología de una persona que no le teme a nada en el mundo. Podrás notar cómo se desarrolla tu respiración, y puedo apostar que en este momento tú respiras profundo, quizás un poco ansioso, y con la cabeza en alto coronando tus hombros erguidos. Párate y camina con total confianza en ti, camina hacia delante y has gestos con tus manos como si fueras intocable, como una persona bien exitosa y de mucha confianza en sí mismo. En este instante tu cuerpo le dice a tu mente que puedes hacer todo lo que te propongas. Manteniendo la posición, quiero que mires hacia arriba y sonrías. Quiero una sonrisa como si te acabaras de ganar 50 millones de dólares. Ahora, sin cambiar tu fisiología, y mucho menos tu sonrisa millonaria, quiero que intentes de caer en un estado depresivo. Intenta deprimirte sin cambiar tu fisiología. ¿Lo estás intentando? ¿No lo puedes conseguir? Te das cuenta lo DIFICIL que es deprimirte cuando tu mente recibe mensajes positivos y el cuerpo está en un estado óptimo. En la vida es imposible sentir tristeza y felicidad a la misma vez. La mente y el cuerpo no pueden manifestar dos emociones a la misma vez. Así también nos percatamos de que no es suficiente repetirnos afirmaciones de positivismo. DECIRSE A UNO MISMO... ME SIENTO BIEN, no sirve de nada cuando el aspecto fisiológico del cuerpo no lo demuestra.

Hagamos otro ejercicio. Se puede hacer sentado o de pie. Quiero que adoptes una postura de temor, como si temieras hacer algo. Camina y habla a la vez. Trata de convencer a tu jefe de una promoción en el trabajo, y si eres vendedor trata de vender tu producto o servicio a tu cliente en un estado de puro temor. Nota el lenguaje de tu cuerpo, observa la posición de tus hombros, al igual que el ritmo de tu respiración, la postura de la cabeza y el tono de tu voz. Has lo mismo de nuevo, pero esta vez, inmerso en un estado de duda, o sea, en un estado de inseguridad. ¿Crees que puedes convencer a un cliente, jefe, pareja, hijo o amigo, de hacer algo que es importante para ti mientras te encuentras en este estado de timidez? Constantemente, de manera inconsciente enviamos mensajes erróneos. Pero la buena noticia es que desde hoy en adelante eso no volverá a suceder. Vamos a controlar ese estado para todas las acciones que nos propongamos tomar.

Una navidad, a mi gran amigo Pablo Zabala, se le quemó la casa. De aquella casa nueva y linda el fuego APENAS dejó memorias. Afortunadamente no le pasó nada a su familia.

Cuando llamé a Pablo para decirle que sentía mucho la pérdida de su casa, él me contestó unas palabras que nunca olvidaré. Pablo me dijo: - GANADOR, SE QUEMO LA CASA, PERO NO MI ACTITUD.- WOW! Mi amigo podría estar triste, pero supo controlar su estado de ánimo y me dio una sorprendente respuesta cargada de energía y entusiasmo para seguir luchando.

Campeones, si queremos cambiar nuestro estado de ánimo de manera favorable, es decir, sin consecuencias perjudiciales, lo que necesitamos es romper los malos hábitos. Así podríamos entrar en un estado de ánimo que nos ayudará a vivir más felices. Para conseguirlo, necesitamos una nueva programación en nuestro sistema nervioso, porque si seguimos con el viejo orden, definitivamente, seguiremos cometiendo los errores de siempre. Durante mis seminarios en vivo, siempre le pido a la audiencia que me ayude realizar el siguiente ejercicio: Cuando te diga párate, yo quiero que te sientes; y cuando te diga que te sientes, quiero que te pares. ¡Vamos tu puedes hacerlo! RAPIDAMENTE ENTRA EN TU ESTADO CUMBRE. ¿Estás listo? O.K. PARATE, es sentado como te quiero ver. SIENTATE, es parado que te quiero ver. PARATE. SIENTATE. PARATE. SIENTATE. PARATE… Ha Ha Ha… Puedo apostar que te equivocaste varias veces. Eso es debido a que toda la vida, tú estabas PROGRAMADO a sentarte cuando alguien te ha pedido que te sientes; y te has puesto de pies cuando te han dicho que te pongas de pies. Ese es el poder de la programación y se logra a través de la repetición. Es decir, que para lograr el nuevo hábito de estar en tu ESTADO CUMBRE cada vez que lo desees, tendrás que elevar tu estado de ánimo al nivel DIEZ y sentirte entusiasmado constantemente. Mediante la repetición, se reafirmará en tu mente la práctica de tu nuevo hábito. Es simple pero súper efectivo, mientras más entusiasmado estés y demostrado por tu fisiología, más rápido se programará tu mente. Empieza a practicar el nuevo hábito de estar en ESTADO CUMBRE y muy pronto verás los resultados.

Sucede que nuestro cuerpo, automáticamente, ya sabe lo que tiene que hacer y la postura que debe tomar cuando se deprime. Pero si de manera apasionada creamos el nuevo hábito de irradiar energía, nuestro cuerpo tomará esa postura y ese estado de ánimo. En nuestro cuerpo existe la capacidad de aprendizaje de cada uno de sus miembros. Basta con que le prohíbas a tu dedo índice el defecto de señalar hacia las personas que se sientan en la otra MESA, o a la gente que pasa por la calle mientras conversas con alguien, y lo conseguirás. Si practicas tu nuevo hábito de estar el estado mental óptimo y acostumbras el cuerpo, el hará lo que le enseñaste, automáticamente, inconscientemente y constantemente.

Recuerda que la frase clave en esa oración fue, si "practicas tu nuevo hábito" es ahí que se logrará el resultado de acostumbrar tu cuerpo. Esto puede suceder solamente si te disciplinas a hacerlo. La disciplina es la base sobre la cual se construye el éxito. La falta de disciplina inevitablemente conduce al fracaso, en este caso el fracaso está controlando nuestro estado de ánimo. La disciplina es el puente entre tus metas y tus logros.

Confucio dijo: Si tú no sabes nada acerca de algo específico, ignoras los hechos, sin embargo, si lo sabes, y no lo haces entonces eres un tonto. ¿Entiendes el mensaje? Bueno, de hoy en adelante sabes que la mayoría de las personas en el mundo no saben nada acerca de las emociones, y mucho menos como le sirven o le destruyen. Si tu no dejas que las emociones te sirvan para elevar la calidad de vida lo más alto posible, sí, mi amigo tú, según Confucio, eres un tonto. ¡¡¡Ja, Ja, Ja!!!

Permíteme dejarte este extraordinario pensamiento. Dentro de cada persona hay una gran reserva y un potencial para lograr éxito, felicidad, salud y sobre todo prosperidad. Es como un inmenso océano sin navegar, un nuevo continente sin explorar, un mundo de posibilidades esperando que tú las sueltes y las canalices hacia algo grande y extremadamente bueno.

¡¡¡Recuerda, el futuro te pertenece!!!

CAPÍTULO 18:

LA LEY DEL DOLOR Y EL PLACER

Te pido que pongas mucha atención a: La Ley del dolor y el placer para que te prepares a sacarle mucho provecho de inmediato. El placer y el dolor son dos fuerzas ultra poderosas que nos impulsan a tomar acción. Las personas que entienden esos dos poderes y aprenden a usarlos, definitivamente consiguen resultados satisfactorios y de inmediato. No me refiero a resultados de un día en el futuro, sino comenzando AHORA mismo.

Tengo un amigo griego que se llama George. Él es dueño de varias gasolineras aquí en Nueva York. También es instructor de pilotos. En una conversación que tuvimos, compartió conmigo que cuando él está enseñando a un estudiante como volar, la primera regla que el comparte es que uno nunca se debe dejar guiar por su propio sentido de dirección cuando se está en el aire. Puede ser que en vez de ir derecho uno pueda estar descendiendo o quizás volando hacia la izquierda. Según George, cuando uno está volando debe confiar un 100% en los instrumentos para saber exactamente en qué dirección va, nunca pero nunca la persona debe guiarse por sí mismo. Te pido que hagas lo mismo con este material. No lo dudes, simplemente cree un 100% que es así. Haz de cuenta que lo que te voy a decir sobre la Ley del Dolor y el Placer puede causar muchos cambios en tu vida, y mírame como si yo fuera esos instrumentos en el avión que tú estás volando, y juntos tú y yo vamos a llegar al destino deseado.

Ahora vamos a analizar lo siguiente: A qué se debe que muchas personas viven en barrios de mucha pobreza por toda su vida, mientras otros llegan a disfrutar una vida de calidad viviendo en buenos vecindarios. Por qué será que algunos jóvenes encuentran placer vendiendo drogas y cometiendo delitos, mientras que otros jóvenes van a las universidades y se convierten en profesionales y líderes en sus comunidades. Por qué será que hay personas que logran mucho éxito en su vida, mientras otras personas nunca llegan a disfrutar ningún tipo de éxito. La lista sigue y sigue, mientras que la repuesta de este crucigrama se encuentra en la Ley del Dolor y el Placer. Los dos poderes que llevan al ser humano a tomar acción... De acuerdo a las leyes de dolor y placer, tomamos acción para obtener placer o para evitar dolor. Preste atención a una curiosa encuesta que pone de manifiesto el poder de la Ley del Dolor y el Placer.

Unos encuestadores se interesaron en averiguar la fuerza que movía a tanta gente, no necesariamente atletas, que iban a correr temprano en la mañana al PARQUE CENTRAL de Nueva York. Una parte de los corredores contestaron que lo hacían motivados por salir a desayunar sus pulmones con la nueva brisa del amanecer. Este grupo contestó: que unos veinte o treinta minutos de ejercicios los preparaban física y mentalmente para enfrentar con mucho más optimismo el ajetreo de la ciudad. Como podemos entender, el placer de mejorar física y emocionalmente fue lo que motivó a ESTE GRUPO de corredores a abandonar muy temprano la tibieza de sus camas. PERO, la mayoría de las personas encuestadas contestaron que de no sacrificarse al levantarse temprano a correr, tendrían que resignarse las damas, a sus celulitis y los caballeros a sus panzas empujando la corbata. Queda claro que la mayor parte de los corredores ejercitaban su cuerpo por temor a la obesidad, o sea, tomaron acción por la necesidad de evitar el dolor provocado por la situación vergonzosa frente a sus amigos y compañeros de trabajo. Los resultados de la encuesta demuestran que la necesidad de evitar dolor motiva más a tomar acción que el deseo de ganar placer.

Por ejemplo, este mismo principio me salvó de un gran problema, en el año 1987 viviendo en Santo Domingo (Rep. Dom.) Recuerdo que una noche estaba frente a mi casa en una esquina comiéndome un chimichurri – un sándwich típico del país, y estaba esperando que mis amigos pasaran a recogerme para irnos de fiesta. De repente llegó la policía del Departamento de Robos y Narcóticos y se llevaron a todos los presente en la esquina incluyéndome a mí, porque le habían dicho que estábamos vendiendo drogas. AH QUE BIEN, Edwardito preso por estar en el lugar incorrecto a la hora incorrecta. Después de estar en la cárcel por más de dos horas aparecieron mi papá y mi tío. Recuerdo muy claro que escuché a mi tío diciendo en voz alta: -Razo, sáque mi sobrino Edward Muñoz de la CELDA- y luego con un tono de autoridad y con mucho enojo le dijo al sargento: -Yo soy el Coronel Gullón y quiero saber que delito cometió mi sobrino.- Y el sargento medio nervioso contestó: -"Ninguno, Coronel".- Pues se va ahora mismo conmigo, pero que no vuelva a ocurrir para que no tengas un gran problema conmigo. Al salir, ordenó al Sargento y al Razo a hacer 50 pechadas. Cuando nos fuimos le pregunté a mi tío que por qué hizo eso. Te digo esto, porque mi tío era APENAS dueño de un taller de mecánica y no era un coronel de la policía como él había dicho. Y me contestó que él NO iba a permitir que yo me pasara semanas preso pasando penurias innecesariamente. Como ya ven la necesidad de evitar el dolor motivó a mi tío a ingeniarse una travesura que me salvó de un gran problema.

En este momento permíteme hacerte la siguiente pregunta: ¿Qué te motivaría más, ¿protegerte de una persona que te quiere quitar tus ahorros de $20,000, ahorros que te tomaron 4 años por lograr o trabajar 4 años para ahorrarte $20,000 dólares? La verdad es que la mayoría de las personas prefieren trabajar más duro para conservar lo que ya tienen, que trabajar duro para conseguir la misma cantidad.

Así como acabas de escuchar, nuestra mente lucha en su afán por evitar el dolor. Porque el temor al dolor está en la estructura muscular de nuestro sistema nervioso; y la mente desesperadamente va a rebatir nuestros intentos, cada vez que queramos tomar una acción que nos pueda causar mucho dolor. Muchas veces, hemos dejado pasar la oportunidad de tomar acciones que pudieran proporcionarnos mucho placer. Y esto sucede porque una espinita se clava nuestro cerebro para advertirnos de que si nos dejamos llevar por los CAPRICHOS dictados de nuestra voluntad, podríamos recibir un escarmiento doloroso. Un ejemplo sobre la reacción de la gente para evitar el dolor apareció en una crónica del Columnista Pete Hamil. Él describe una región de Puerto Rico donde vive gente pobre y sus viviendas son construidas de Madera. Cada cierto tiempo un huracán crea un gran oleaje que destruye las casas y se lleva toda la madera al mar. Las personas que se quedan sin hogar esperan que la tormenta se calme y esperan que el mar traiga su madera a la playa, la recogen y otra vez empiezan a construir sus viviendas. Así construyen ellos su pueblecito nuevamente. Ellos usan la misma madera que tenían en sus casitas y reconstruyen la casa con un nuevo estilo. Tu puedes darte cuenta de la necesidad de esta gente para evitar el dolor y algo aún más importante es que los familiares los motivan y los ayudan a reconstruir sus casitas cada vez. Huracán tras huracán.

Ahora bien, ¿cómo podríamos usar el dolor para que él sea una gran motivación para ponernos en acción? Primero necesitamos entender que nuestra realidad humana depende de nuestro poder de enfoque. Ahora quizás te preguntas: Edward, ¿qué es lo que quieres decir con esto? Lo que quiero decir es que en lo que nos enfocamos en determinado momento eso será lo real para nosotros. Por ejemplo, si al ver un helado nos enfocamos en que el helado está rico se nos hace agua a la boca, entonces vamos a querer comernos ese helado. Pero si nos enfocamos en que ese helado sólo ayudará a engordarnos, entonces vamos a querer rechazarlo. Ahora entiendes por qué yo digo que en lo que nos enfoquemos en determinado momento eso será lo real para nosotros.

Una anécdota acerca de una amiga ilustra de manera efectiva el mundo de realidad creado por el poder de enfoque. Hace unos años ella comía cualquier cosa que contenía chocolate, como bizcocho, helado y galletas. También comía todas las clases de comidas a cualquier hora del día. Pero, yo siempre trataba de motivarla para que dejara de comer tanto, y compartía con ella el placer que iba a recibir si ella comenzaba una dieta e hiciera ejercicios. Esa motivación funcionaba, pero solamente por unas cuantas horas y al rato estaba en lo mismo. Hasta que un día ella me dijo que su novio la había invitado a una fiesta familiar con el propósito de presentarla ante sus padres, sus tíos y sus primas. Imagínate, en toda familia siempre hay unas primas o unas tías que son más fijonas de la cuenta. Enseguida se urdió en mi mente la idea de poner a trabajar el poder del dolor en favor de que mi amiga tomara acción para rebajar de peso. Le pregunté que si ya tenía en mente el traje que iba a vestir para una ocasión tan especial. Me contestó que le gustaba mucho un vestido que había usado, una sola vez, el año pasado; pero con tantas libras de más, pensaba que si lograba ponérselo podría explotársele antes de bailar la primera pieza. Y yo le dije: *"si sigues comiendo de la manera que estás comiendo, lo siento pero no vas a lucir atractiva ese día"*. Además, no vas a poder ponerte ningún traje de baño para tu novio este verano en la playa. Sabes que, eso que hice con mi amiga fue cambiarle su enfoque, y le asocié el dolor con la situación, demostrándole que si no rebajaba iba recibir más dolor en su vida. Sorprendente, ¡pero cierto! En cuatro semanas ella rebajó más de 15 libras. Días después, cuando llegó el momento tan esperado, fue a la fiesta elegantemente vestida, con su autoestima por el cielo.

¡¡TODO UN EXITO, Y PARA SIEMPRE!! Como resultado de la aplicación de las reglas del dolor y placer, si yo le enseño hoy a ella un pedazo de chocolate, ella dirá: *NO, yo no lo quiero porque si lo cojo significa que me sentiría gorda e incómoda cuando estoy cerca de mis familiares, novio y amistades.* En fin ella no lo cogería porque ¡ya sabe el dolor que ese pedacito de chocolate le pudiera causar en su vida! Lo que pasó fue que mi amiga sintió mucho dolor con su situación y ese mismo dolor la llevó a tomar nuevas acciones.

Entonces, ¿por qué será que nosotros sabemos que hacer en la vida para alcanzar el éxito pero no lo hacemos? Puesto en forma fácil, esto es porque nosotros posponemos nuestras metas cada día de nuestra vida. El posponer es un negocio cansón en alguna etapa de nuestras vidas. Si nos encontramos con un caso difícil, todos los días nos decimos voy a hacerlo; pero siempre lo posponemos. Posponer_nuestras acciones nos detiene en la vida, así que vamos a tomar acción masiva para vivir la vida la abundancia que deseamos vivir. Si, así como lo oyes, total abundancia. Sin embargo, todo está en ti, ambas cosas, la dejadez y la incomodidad para alcanzar el resultado óptimo. Muy pocas personas admiten honestamente que son haraganes, sin importarles lo enfermizo que es a lo largo de su carrera. Dejándolo para luego no es realmente la parte dolorosa, sino el estrés emocional y las consecuencias negativas que soportaremos por estar posponiendo las cosas. Para la mayoría de la gente el posponer es en realidad un escape al presente, es decir, vivir al máximo su potencial. Donald Marquis define "posponer" como: "El arte de mantenerse atado al ayer". Yo añadiría a esto que es "evitar el hoy". ¿Tiene sentido lo que digo verdad? Te fijas campeón, tú no necesariamente eres lo que dices que eres. La acción es el mejor parámetro para medir lo que tú eres, en comparación con tus propias palabras.

La acción que tú tomas en el presente es el único indicador de quien eres, lo que serás, y lo que lograrás en toda tu vida. Una gran historia que ilustra este punto muy bien es el experimento que hizo un psicólogo con una rana. Él hizo lo siguiente: tomó la rana y la entró en agua hirviendo, la rana saltó inmediatamente. La rana se quemó en algunas partes pero no murió. Unas horas más tarde él tomó la misma rana y la colocó en la misma olla pero esta vez en agua tibia. Entonces encendió la estufa a fuego lento, tanto que escasamente se podía ver encendida. Según el agua fue gradualmente hirviendo la rana se fue acostumbrando a la temperatura y parecía estar jugando con el agua. Pero según pasó el tiempo la temperatura del agua fue subiendo y la rana aparentemente se quedó como dormida, pero en realidad fue declarada muerta. La rana fue muriendo lentamente y ni cuenta se dio de su muerte. Ves campeón, lo mismo sucede cuando dejamos para luego lo que podemos hacer en este momento.

A ti nunca te ha pasado que un día te levantas y notas que has aumentado 10 o 20 kilos. La verdad es que eso pasa lentamente, así como murió la rana. No podemos decir lo mismo de nuestros negocios personales, ya que nosotros no nos levantamos un día y nos encontramos con que estamos en bancarrota, cuando en realidad lo vamos viendo poco a poco. Lo mismo sucede con nuestras relaciones de pareja, ya que nosotros no nos levantamos un día y nos encontramos con la sorpresa de que nuestro compañero o compañera quiere divorciarse, cuando en realidad esto sucede con el día a día. Día por día el constante posponer que nunca termina. Esos eran los días en que tú sabías exactamente lo que tenías que hacer, lo que necesitabas cambiar, o simplemente lo que tenías que mejorar pero nunca tomaste acción para corregir todos esos males, haciendo lo que tenías que hacer y de alguna forma nunca lo hiciste. Debemos saber que el dolor es una señal de crecimiento, no de sufrimiento. Una vez que nosotros tomamos acción el dolor empieza a desaparecer. Y en ese momento estamos abriendo las puertas hacia nuevos resultados, y a las recompensas que siempre estaban ahí esperándonos.

Ahora, ¿por qué crees que algunas personas llegan a sentir mucho dolor pero no toman la decisión de cambiar? Lo que pasa es que ellos no sienten suficiente dolor todavía y no han llegado a la etapa de estar cansado. La etapa donde uno dice: Hasta aquí YO LLEGE, nunca me pasará esto otra vez. Por ejemplo: Si has estado en una relación débil y llegó el día en que decidiste poner fin a la situación a través de tu poder personal, es porque tomaste una nueva acción que te cambió por el resto de tu vida. Esto sucedió porque llegaste a un nivel de dolor que no podías soportar más. Lo que pasó en ese momento fue que el dolor se convirtió en tu amigo y te impulsó a tomar nuevas decisiones que producen excelentes resultados.

Este es el primer paso para aceptar el dolor como tu amigo y aliado. Sin embargo, si tú no haces esto entonces, estás básicamente recordando lo que eres, lo que siempre serás y nada más. Yo escuche esta declaración por primera vez de un entrenador de bienes raíces (Real Estate), en mis llamadas de entrenamiento. Esto me impactó inmediatamente. La verdad es que me molesta mirarlo de esa manera, pero yo lo acepto como verdadero. ¿Tú comprendes esto de la manera que yo lo entiendo? ¿Cómo lo percibes tú? La forma en que yo lo entiendo es que cuando nos damos cuenta que no tomando acción y quedándonos parados o sentados en un lugar cómodo, significa que nosotros somos todo lo que queremos ser, lo que siempre seremos y nada más. Sintiendo el dolor de no ser mejor es como un brusco despertar. ¿Te sientes de esa manera? ¿Entonces, no crees que el secreto consista en salirte de la zona donde te sientes completamente cómodo? Como todos sabemos nuestra zona cómoda es todo aquello que hacemos y que a la vez nos sentimos cómodos. Todo lo que es incómodo está fuera de nuestra zona cómoda. Toda recompensa en la vida reside fuera de la zona cómoda. De manera que cuando tú vas a hacer algo por primera vez y lo pospones porque te sientes nervioso y quizás con cierto temor, te aconsejo que saques entusiasmo de tu interior y emprendas tu misión. Quizás te preguntes: ¿Por qué dices eso Edward? Campeón, digo esto porque tú estás a punto de darte cuenta que estás avanzando hacia lo que tienes que hacer cuando tienes que hacerlo. Tú estás próximo a alcanzar un nivel más alto en tu crecimiento personal. En el momento en que alcanzas ese nivel te sientes como una persona nueva, con nuevas experiencias y perspectivas en la vida, y claro con una nueva forma de pensar.

Ahora producirás mejores resultados, serás más efectivo y por encima de todo te sentirás mejor contigo mismo y tu calidad de vida. De manera que yo te invito a dar un paso al frente, a tomar acción y constantemente colocarte en la zona de incomodidad.

Observa lo siguiente: Un día de acción masiva en las cosas que consideras más importantes en tu vida creará el momento o impulso que siempre has estado esperando. Ahora bien, una semana de acción masiva definitivamente creará un mejor momento o impulso. Sin embargo, un mes de acción masiva será un gran impulso, y adicionalmente un año de acción masiva, entonces creará un impulso extraordinario. Pero si nosotros queremos un estilo de vida de logros y triunfos, entonces nosotros debemos formarnos el hábito de tomar acción constantemente y consistentemente. Entendemos que si no hacemos las cosas importantes que tenemos que hacer en el momento, el dolor aumentará de forma tal que NO nos dedicaremos a hacerlo. Campeón, ésta es una estrategia fabulosa que los grandes triunfadores han hecho inconscientemente, sin embargo si hoy te decides a usar conscientemente esta nueva estrategia que has aprendido, sea lo que sea que tú quieras y deseas en la vida será de mucho éxito. Te reto a que hagas lo que tienes que hacer para lograr lo que quieres y deseas en la vida. Permíteme hacerte esta pregunta: ¿Lo harás SI o NO? Fantástico, felicítate a ti mismo en tu nueva decisión.

Ganador, te aseguro que estos cambios favorables pueden suceder en tu propia vida, desde AHORA MISMO. Basta que te propongas cambiar tu enfoque mental y asocies la idea de que el falso placer de no actuar resulta más doloroso que abstenerse. De nuevo te reitero que si quieres cambiar tu comportamiento todo lo que tienes que hacer es entender que NO haciendo algo que debes hacer va a resultar más DOLOROSO en comparación con NO hacerlo en el momento. Nosotros podemos sufrir uno o dos dolores: el dolor de disciplina o el dolor de rechazo. La diferencia es que cuando llevas estos dos dolores a la balanza, la disciplina pesa onzas y el rechazo pesa toneladas. La mayoría de la gente se enfoca en el dolor que pueden recibir en el camino hacia lograr una meta, en lugar de poner a trabajar toda esa energía y disciplina para ver sus fines realizados y así evitarse el más frustrante de los dolores, que es el de no haber terminado nada.

Para terminar, quiero que hagas un ejercicio que una vez escuché en un seminario al cual yo asistí. Este ejercicio me cambió la vida y ahora voy a compartirlo contigo. Este ejercicio por sencillo que parezca ha ayudado a muchas personas en todas partes del mundo a rebajar de peso, a dejar de fumar, a ahorrar dinero, entre otras acciones que constantemente estamos posponiendo. Estas listo, sino por favor pon la radio en pausa en este momento, y enciéndelo cuando estés listo. Bueno, ganador, si estás listo vamos a empezar:

Primer paso. Escribe 4 acciones que tienes que hacer pero que has estado posponiendo.

Acción # 1

_____

_____

_____

_____

_____

Listo ahora vamos a empezar. Quizás la primera acción que escribiste es que tienes que bajar de peso. Perder 10, 20, 30 o 50 libras. Quizás es aumentar de peso porque estás delgado o delgada. Quizás tienes que dejar de fumar porque le está afectando a tu salud o sencillamente porque sabes que te puede causar mucho daño si lo sigues haciendo. Quizás es que debes comenzar a leer libros de superación personal o escuchar más CDs acerca de tu profesión. Quizás es comenzar ese proyecto o negocio que tanto deseas, pero no lo has comenzado por muchas razones o excusas. Quizás es que necesitas acercarte más a **Dios**, ya sea visitando la Iglesia, leyendo la Biblia con más frecuencia o simplemente orando más. Sique escribiendo todo lo que te llega a la mente, escribe rápido y no despegues el lapicero del papel hasta que tengas las 4 acciones escritas.

Segundo paso. Ahora debajo de cada acción escribe la respuesta a las siguientes preguntas: ¿Por qué es que no he tomado acción? ¿Cuáles han sido las excusas que yo me he dado para no tomar estas acciones?

Acción # 2

_____

_____

_____

_____

_____

Quizás la excusa por no rebajar de peso era que no tenías tiempo, o no quieres dejar de fumar porque estás esperando que comience el nuevo año para dejar ese sabrosísimo hábito. No vas a la iglesia porque es tu único día libre y quieres descansar pero de seguro vas a ir la próxima semana. Quizás no has comenzado a escribir ese libro porque no has tenido tiempo, pero la verdadera razón es que has asociado más dolor con hacerlo y por esa misma razón tú cuerpo y mente no te impulsa a tomar esa acción que incluso te pudiera resultar muy fructífera en el futuro. Escribe rápido todas las excusas y razones que te has dicho por no tomar esas acciones. Vamos sé sincero o sincera contigo mismo, y con lujos de detalles anota todo lo que te llegue a la mente.

Tercer paso. Escribe que dolor vas a recibir por no tomar esas acciones en los próximo 6 meses o hasta 2 años.

Acción # 3

_____

_____

_____

_____

_____

Esta es la parte más importante de este ejercicio. Te voy a pedir que exageres el dolor que vas a recibir en el futuro cercano. Porque al ver el dolor vas a querer actuar en el presente para evitar ese futuro frustrante y oscuro. Por ejemplo: ¿Qué te pasaría si no rebajas esas 20 libras, si no dejas de fumar, si no dejas de comer tantas comidas que contienen muchas grasas y colesterol? ¿Qué te pasaría si no haces esa llamada tan importante que sabes que tienes que hacer? ¿Qué te va a costar si no empiezas la universidad este próximo semestre? ¿Cómo te vas a sentir si no llevas a tu familia este verano a ese viaje que le prometiste por tercera vez a Walt Disney? ¿Qué precio vas a pagar en los próximos 6 meses por no tomar éstas acciones? ¿Qué precio vas a pagar por tu salud ya que no tomaste éstas acciones en los próximos 2 años? ¿Qué precio vas a pagar por no llevar a cabo lo prometido a tu familia en especial a tus hijos en los próximos años? Ahora mi pregunta es: ¿Cómo te hace sentir eso? No digas que te va a costar dinero o gordura, eso no es suficiente. Recuerda, que tienes que ser detallista. Por ejemplo: ¿Quién va a sufrir por no tener ese dinero? ¿Cómo va a afectar tu salud esa gordura? ¿Qué tamaño de ropa te va a servir? Tienes que recordar que lo que te impulsa a tomar nuevas decisiones son tus emociones. Entonces, aprende a usar el dolor como tu amigo. Un amigo que te llevará a nuevos niveles de éxito.

Cuarto paso. Escribe todo el placer que vas a recibir si tomas éstas acciones.

Acción # 4

_____

_____

_____

_____

_____

Haz una larga lista que te emocione y te llene de entusiasmo: Primeramente se levantará tu autoestima al rebajar o aumentar de peso. Ganarás más dinero si lanzas el proyecto o negocio. Ganarás más respeto de tu familia si la llevas al viaje que tantas veces le has prometido. Obtendrás más fuerza de voluntad, la cual podrías usar en cada área de tu vida personal. Cambiará tu vida en muchos aspectos en los próximos meses y años. ¡¡WOW!! ¿Cómo te sentirías de ver todas éstas posibilidades hechas realidad? Sigue escribiendo todo lo que te llegue a la mente, escribe rápido y no despegues el lapicero del papel hasta que todo esté escrito.

Si no te alcanzó el tiempo para finalizar este ejercicio, te recomiendo que consideres terminarlo para que puedas pasar con éxito a la parte final. ¿Cómo te sientes después de este maravilloso ejercicio? Te recomiendo que repitas este ejercicio cada vez que te sientas confundido con tu vida o incluso cuando las cosas andan bien para estar siempre dos pasos adelante de las personas mediocres.

En el libro titulado "Los 7 Hábitos de la Gente Altamente Efectiva" el autor Steven Covey, narra la siguiente historia. Imagínate en un cuarto inmenso. Donde hay alrededor de 150 invitados. Y cuando miras a tu alrededor te das cuenta de que conoces a todas las personas allí presente. Son todos amigos, conocidos o miembros cercanos a la familia. Lo extraño de esta parte es que tú puedes verlos a ellos, pero ellos no pueden verte a ti. En ese momento empiezas a preguntarte: ¿Por qué ellos no pueden verme? Cuando te das cuenta de que ellos están ahí porque es tu propio funeral. Ellos vinieron a rendirte tu último respeto. En breves instantes tres personas subirán al púlpito a decir algo acerca de ti, de lo que ellos creen que fueron tus méritos en vida. El primero en hablar será uno de tus más cercanos amigos, el segundo será un miembro de tu familia y el tercero y último será uno de tus colegas. Mi pregunta hacia ti es: ¿Qué dirán de ti en tu funeral? Espero que este ejercicio te haya impactado en un alto nivel, ya que estas tres personas sólo hablaron de los grandes logros que tuviste en la vida. Espero que esto te sirva de ejemplo para vivir una vida plena y exitosa. Hazte esta extraordinaria pregunta en éste instante. ¿Por cuáles motivos o hechos me gustaría que me recordaran? Porque esto es lo que tus familiares, amigos y compañeros de trabajo van a decir acerca de ti, cuando ya te hayas ido al descanso eterno. Toma 5 segundos ahora mismo y contesta la siguiente pregunta: ¿Cómo te gustaría ser recordado cuando ya te hayas ido? Próxima pregunta: ¿Dirán ellos que tú fuiste un buen padre o una buena madre?

Te gustaría ser recordado como: Un buen contribuyente a la sociedad, una persona persistente, un líder que inspiró a otros a través de sus enseñanzas y ejemplos personales, una persona que creó algo de la nada, te gustaría ser recordado como un innovador o quizás como un gran amigo en quien confiaron en las buenas y en las malas, te gustaría ser recordado como alguien que amó incondicionalmente. Ahora te quiero preguntar: ¿Por qué te gustaría ser reconocido? Sólo recuerda que ésta es una vida sin lamentos, y debe ser una vida bien vivida. Muchas personas no se lamentan por lo que hicieron; sino que se lamentan por lo que no hicieron. ¿Estás tú de acuerdo conmigo? La ganadora del premio Nobel Helen Keller una vez dijo: *"La vida es una aventura de riesgos o no es nada."*

Gracias por haberme dedicado tu tiempo y recuerda que DIOS TE AMA Y QUE CREO MUCHO EN TI. Sé que no te conozco personalmente, pero el simple hecho de leer este libro te pone en el círculo de ganadores. Desearía poder conocerte más de cerca. Yo personalmente quiero felicitarte por tu decisión de comprometerte a crecer personalmente.

Esto es lo que yo he aprendido acerca del crecimiento personal, "Si alguien está en mal camino, no necesita motivación para correr más ligero, lo que esa persona necesita es crecer personalmente hasta que reconozca que va por el camino equivocado". Una educación formal te ayudará a vivir, pero un crecimiento personal te dará una fortuna. El simple hecho de tomar la decisión de buscar mejoría en superación personal te pone en el 10% de la población mundial de personas que siempre están buscando información para crecer, y por eso YO te felicito.

¡BUENA SUERTE en tu jornada hacia el éxito!

Acerca del Autor

Edward Muñoz es un empresario exitoso, un Conferencista de Alto Impacto y un asesor de negocios que cree con pasión que todo el mundo es capaz de tener éxito. Desde sus humildes inicios empacando bolsas de compra en un supermercado los fines de semana y conducir un taxi en uno de los peores barrios de Brooklyn (Nueva York), hasta liderar un equipo de Bienes Raíces con 100 millones de dólares en ventas, ha aprendido los principios que pueden ayudar a cualquier persona a realizar sus sueños.

Él comparte su memorable e inspiradora travesía con el público a nivel nacional e Internacional en un tono humorístico, sin rodeos y diciendo las cosas a su estilo. Con pasión contagiosa y energizante, ayuda a las personas a eliminar sus creencias limitantes, a alcanzar su pleno potencial y a "Desencadenar el Campeón en su Interior".

Cómo empezó todo

Después de servir a su país con honor, como Infante de Marina de los Estados Unidos en la "Guerra del Golfo Pérsico", Edward volvió su atención a la educación, asistiendo al Instituto de Tecnología de Nueva York, donde se graduó en "Arte de la Comunicación" con especialidad en Administración de Empresas. Durante su época universitaria se unió a su primera empresa de "Venta" y se enamoró del mundo del Crecimiento Personal. Desde entonces, ha asistido a cientos de seminarios, ha escuchado miles de CDs y ha leído un sinnúmero de libros en el área de Desarrollo Personal.

Él aprendió de los mejores en "Mercadeo" y se apasionó por el mundo de las ventas, reclutamiento y formación de equipos en todo el país. En pocos años, había creado un equipo de Mercadeo a nivel nacional que generó cerca de unos $3.5 millones en ventas anuales.

Cuando la compañía para la cual trabajaba sometió una reestructuración empresarial, salió en búsqueda de oportunidades en Bienes Raíces. En un plazo de dos años, fue el mejor vendedor de la Agencia, y dentro de tres años le ofrecieron una posición de Asociación con el Propietario de la Compañía. En los siguientes años, construyó un equipo de ventas muy poderoso que hicieron ventas inmobiliarias por 100 millones de dólares.

Cuando el Mercado Inmobiliario se desplomó en el 2007, decidió tomar medidas en lugar de convertirse en una víctima. De inmediato reestructuró su compañía, y haciendo algunos movimientos audaces, fue capaz de crear un modelo de negocio tan eficiente como lo había hecho anteriormente pero con menos agentes.

Edward Muñoz vive con su familia en la ciudad de Nueva York. Actualmente se despeña como Conferencista y Coach.